建筑材料试验指导

主　编　彭玉林　李东方

学　　院：________________

专业年级：________________

姓　　名：________________

学　　号：________________

教学班号：________________

试验组别：________________

黄河水利出版社
·郑州·

内 容 提 要

本书主要针对水利、土木建筑工程中常用建筑材料的常规试验检测项目，从试验目的、主要仪器设备、试验方法步骤、试验结果确定、试验记录与结果处理、分析及讨论等方面提供系统规范性的指导。全书包括建筑材料基本性质试验、水泥试验、混凝土骨料试验、普通混凝土综合性试验、建筑砂浆试验、烧结普通砖抗压强度试验、沥青试验、钢筋试验，均依据现行相关最新国家标准、部颁标准进行编写。

本书可作为高等院校水利与土木类专业的试验教材，也可作为大专、中等专业学校相关专业的试验参考书，并可供试验检测技术人员作为工具书参考。

图书在版编目(CIP)数据

建筑材料试验指导/彭玉林，李东方主编．—郑州：黄河水利出版社，2012.7 (2016.1 修订重印)

ISBN 978-7-5509-0308-1

Ⅰ.①建… Ⅱ.①彭… ②李… Ⅲ.①建筑材料-材料试验 Ⅳ.①TU502

中国版本图书馆 CIP 数据核字(2012)第 161362 号

策划组稿：李洪良　电话：0371-66026352　E-mail：hongliang0013@163.com

出 版 社：黄河水利出版社

地址：河南省郑州市顺河路黄委会综合楼 14 层　邮政编码：450003

发行单位：黄河水利出版社

发行部电话：0371-66026940、66020550、66028024、66022620(传真)

E-mail：hhslcbs@126.com

承印单位：郑州龙洋印务有限公司

开本：787 mm×1 092 mm　1/16

印张：5.75

字数：130 千字　　印数：4 101—7 100

版次：2012 年 7 月第 1 版　　印次：2016 年 1 月第 2 次印刷

定价：10.00 元

前　言

建筑材料课程是水利与土木类专业日常教学中一门重要的专业基础课，作为实践性较强的试验教学环节，主要是使学生了解常用建筑材料主要技术指标的检测评价原理，并熟练掌握其测定手段、技能以及试验结果分析处理的方法，以具备对建筑材料品质进行检测评定的基本能力，并为今后从事相关专业技术工作打下坚实的基础。

《建筑材料试验指导》依据现行相关最新国家标准、部颁标准进行编写，主要从试验目的、主要仪器设备、试验方法步骤、试验结果确定、试验记录与结果处理、试验结果分析及讨论等方面，对教师的试验准备、学生的试验操作提供系统规范性指导（注：本书中对试验方法步骤的拟定，是结合传统手工操作的仪器设备而编制的。现如今试验仪器设备更新换代速度极快，而且不同厂家生产的同一功用的仪器设备，其使用方法、操作步骤也有所不同，为此，在具体试验过程中，试验人员应以遵循现行规范的相关技术要求为前提，依照实验室所配置仪器设备的操作指南进行试验操作）。在教学过程中如遇新标准、新规范颁布实施，教师应参照其进行试验教学指导。

本书所涉及的主要为建筑材料的常规试验项目，教师在试验教学中可根据专业特点和教学大纲的要求选择相应的试验内容。

本书包括八大试验内容，其中云南农业大学彭玉林编写试验四、试验五；内蒙古农业大学李东方编写试验二；云南农业大学张凌编写试验六、试验七、试验八；内蒙古农业大学王海龙编写试验一、试验三。全书由彭玉林、李东方担任主编。

由于编者水平有限，本书难免存在缺点或不妥之处，希望广大师生和读者在使用中给我们提出宝贵意见，以便今后改进。

编　者
2012 年 6 月

前言

目　录

学生试验守则

建筑材料试验是教学活动中重要的实践性教学环节。通过试验,一是使学生熟悉、验证、巩固所学的理论知识,使其得以深化;二是使学生熟悉主要建筑材料的技术指标要求,并具备进行相应质量检测评定的能力;三是使学生受到科学研究的基本训练,培养其分析问题、解决问题的能力。为此,要求学生必须做到以下几点:

(1)试验前做好预习,以对本次试验的目的、原理、试验步骤、主要仪器设备的操作要点、试验数据的分析处理等方面有系统性的了解。

(2)在试验过程中,要树立严谨的工作态度,严格遵守试验操作规程,精心观察试验现象,准确测定试验数据,认真详细做好试验记录,并及时将测试数据交由指导老师进行合理性审查,对数据误差超过规定要求的试验应予以重做。

(3)在试验中,应遵守纪律,爱护设备和公共财产。为避免损坏仪器设备,在正式操作前,应在指导老师的指导下,熟悉其使用方法,切实掌握其工作性能、特点和操作规程。凡在试验过程中,因不慎损坏仪器设备或丢失仪器中的附件,均应及时主动报告指导老师,并按有关规定处理(包括赔偿在内)。

(4)试验后,各小组成员应将试验仪器清洗或擦拭干净,并将试验场地及桌面上的试验废弃物、杂物等清理干净,放到指定地点,不得随意乱丢,更不能放入自来水槽中而堵塞水道。

(5)试验完毕,各小组应认真填写好试验卡片,由指导老师审阅签字后方可离开试验室。

(6)在试验成果分析和报告编写过程中,应深入复习相应的理论知识,使其得以消化和深化。

试验一　建筑材料基本性质试验

建筑材料基本物理性能试验项目较多，对于不同材料，测试的项目应根据用途及具体要求而定。以下介绍材料密度试验、表观密度（视密度）试验、堆积密度试验。

一、密度试验

（一）试验目的

密度是建筑材料的基本性质指标之一，通过测定它和表观密度，可以计算建筑材料的孔隙率，以评价其密实度。

（二）依据的规范标准

本试验依据《水利水电工程岩石试验规程》（SL 264—2001）进行。

（三）主要仪器设备

（1）李氏瓶：分度值 0.1 mL，见图 1-1。

（2）天平：感量 0.001 g。

（3）温度计、恒温水槽、研体、筛子（孔径 0.25 mm）、烘箱及干燥器等。

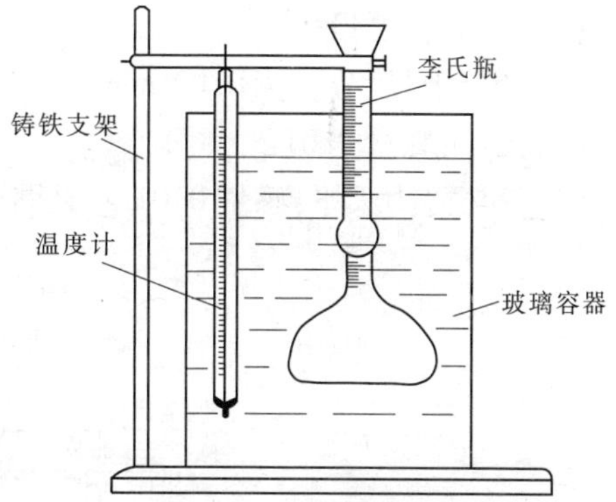

图 1-1　李氏瓶

（四）试验方法步骤

（1）将试样过筛后放入烘箱内，在（105 ±5）℃的烘箱内烘干至恒重，烘干时间一般为 6 ~ 12 h，然后在干燥器内冷却至室温备用。

（2）在李氏瓶中注入与试样不起反应的液体，使液面达到 0 ~ 1 mL 刻度值之间。

（3）将李氏瓶放在水温为（20 ± 1）℃的恒温水槽中，使刻度部分完全浸入水中，并用铸铁支架夹住李氏瓶，以防浮起或歪斜。经 30 min，待瓶中液体与恒温水槽的水温相同时，记录李氏瓶内下弯液面的刻度值 V_1，精确至 0.05 mL。

（4）用天平称取 60 ~ 90 g 试样（精确至 0.01 g），记为 m_1。用小勺和漏斗小心地将试样徐徐装入李氏瓶中，装至瓶内液面上升至接近 20 mL 刻度值，转动李氏瓶，排除气泡。再将李氏瓶放在恒温水槽中，经 30 min，待瓶内液体温度与水温一致时，读取下弯液面刻度值 V_2。

（5）称量剩余试样质量 m_2，计算装入李氏瓶中的质量 m，精确到 0.01 g。

（五）试验结果计算及处理

（1）按照式（1-1）计算试样的密度 ρ，精确至 0.01 g/cm^3

$$\rho = \frac{m}{V} \tag{1-1}$$

式中 m——装入李氏瓶中试样的质量,即两次称量值 m_1 与 m_2 之差,g;

V——装入试样的绝对密实体积,即两次液面读数 V_2 与 V_1 之差,cm^3。

(2)以两次试验测值的算术平均值作为试验结果。当两次测值之差超过 0.02 g/cm^3 时,应重新取样测定。

二、表观密度(视密度)试验

表观密度又称视密度,是指材料在自然状态下(包含孔隙在内)单位体积的质量,以 g/cm^3 表示。

(一)试验目的

测出形状规则或不规则石料的体积(含孔隙)及其质量,计算其表观密度,并为计算材料孔隙率、确定其体积及结构自重等提供必要数据。此外,通过测得的表观密度可估计材料的某些性质(如导热性、抗冻性、强度等)。

(二)依据的规范标准

本试验依据《水利水电工程岩石试验规程》(SL 264—2001)进行。

(三)主要仪器设备

(1)游标卡尺:分度值 0.02 mm。

(2)天平:感量 0.01 g。

(3)液体静力天平:感量 0.01 g,见图 1-2。

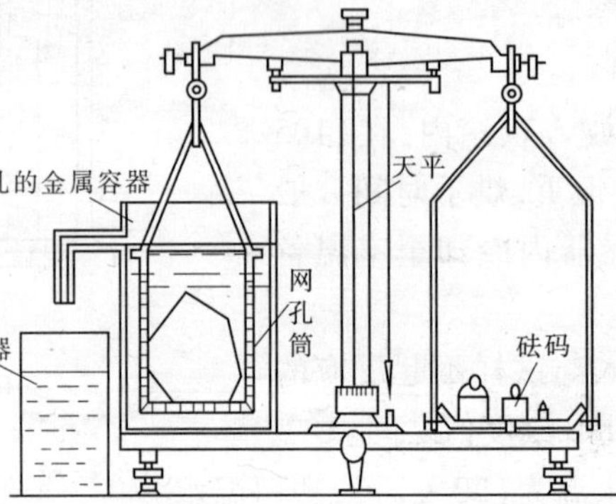

图 1-2 液体静力天平

(4)锯石机、石蜡、烘箱及干燥器。

(四)试验方法步骤

1. 试件制作

1)游标卡尺法

对于形状规则的试样,将试样加工成立方体(或圆柱体)试件至少 3 个,多孔材料试样的最小尺寸不得小于 70 mm,致密和微孔材料试样的最小尺寸不得小于 50 mm。用毛刷刷去表面的碎渣,放入(105±5)℃的烘箱内烘干至恒重,并在干燥器内冷却至室温备用。

2)蜡封法

将试样加工成边长为 50~70 mm 的试件 3~5 个。

2. 形状规则体试验(游标卡尺法)

(1)用天平称出试件质量 m(g),精确至 0.01 g。

(2)用游标卡尺量测试件尺寸。当试件为立方体时,每个需要量测的面(长、宽、高)要量三处,取各自的平均数作为试件长、宽、高的尺寸。当试件为圆柱体时,可在其两个平行底面上,通过中心作两条相互垂直的线,沿此线量出圆柱体上、下底面和高度中央处 6 个直径与 4 个高度值,精确至 0.01 mm,各取其平均值作为试件直径及高的尺寸。

(3)根据上述尺寸按几何公式计算试件体积 V(cm^3)。

3. 形状不规则体试验(蜡封法)

(1)称出试件在空气的质量 m(g),精确至 0.01 g。

(2)将试件放入熔融的石蜡中,1 ~ 2 s 后取出,使试件表面沾上一层蜡膜(膜厚不超过 1 mm)。如蜡膜有气泡,应用烧热的细针将其刺破,然后用热针带蜡封住气泡口,以防水分渗入试件。

(3)称出蜡封试件在空气中的质量 m_1,精确至 0.01 g。

(4)用液体静力天平称出蜡封试件在水中的质量 m_2,精确至 0.01 g。

(五)试验结果计算及处理

1. 形状规则体试验结果的处理

(1)按照式(1-2)计算表观密度 ρ_0,计算精确至 0.01 g/cm³

$$\rho_0 = \frac{m}{V_0} \tag{1-2}$$

式中　m——试件的质量,g;

V_0——试件的体积,cm³。

(2)当试件结构、构造均匀时,以 3 个试件测值的算术平均值作为试验结果;当试件结构、构造不均匀时,应以 5 个试件测值的算术平均值作为试验结果,并注明最大值及最小值。

2. 形状不规则体试验结果的处理

(1)按照式(1-3)计算表观密度 ρ_0,计算精确至 0.01 g/cm³

$$\rho_0 = \frac{m}{(m_1 - m_2)/\rho_{水} - (m_1 - m)/\rho_{蜡}} \tag{1-3}$$

式中　m——试件在空气中的质量,g;

m_1——蜡封试件在空气中的质量,g;

m_2——蜡封试件在水中的质量,g;

$\rho_{水}$——水的密度,一般取 1.0 g/cm³;

$\rho_{蜡}$——石蜡的密度,一般取 0.93 g/cm³。

(2)当试件结构、构造均匀时,以 3 个试件测值的算术平均值作为试验结果;当试件结构、构造不均匀时,应以 5 个试件测值的算术平均值作为试验结果,并注明最大值及最小值。

三、堆积密度试验

堆积密度是指散粒材料在堆积状态下,单位体积(包括颗粒内部的孔隙及颗粒间的空隙在内)的质量。

(一)试验目的

测定细骨料、粗骨料在松散状态或振实状态下的堆积密度,可供混凝土配合比设计用,也可以用来估计运输工具数量或堆场面积等。根据骨料的堆积密度和表观密度还可以计算其空隙率。

(二)依据的规范标准

本试验依据《建设用砂》(GB/T 14684—2011)、《建设用卵石、碎石》(GB/T 14685—2011)进行测定。

(三)主要仪器设备

(1)标准漏斗。

(2)容量筒。

(3)台秤:称量 10 kg,感量 5 g。

(4)垫棒、天平、直尺、搪瓷盘、毛刷等。

(四)试验方法步骤

1.细骨料堆积密度试验

(1)用搪瓷盘取试样约 3 L,放在烘箱中于(105 ±5)℃下烘干至恒重,待冷却至室温后,筛除大于 4.75 mm 的颗粒,分为大致相等的两份备用。

(2)松散堆积密度:将试样装入标准漏斗中,将容量筒放在标准漏斗下,打开漏斗活动闸门,使砂从离容器筒口 50 mm 的高处自由落下,直至砂装满容器筒并且超过筒口。然后,用直尺沿筒口中心线向两边刮平(不得振动),称出砂及容量筒的总质量。

(3)紧密堆积密度:将试样分两次装入容量筒。装完第一层后,在筒底垫放一根直径为 10 mm 的圆钢垫棒,将筒按住,左右交替颠击地面各 25 次。然后装入第二层,第二层装满后用同样的方法颠实(但筒底所垫圆钢垫棒的方向与第一层的方向垂直),再加试样直至超过筒口,然后用直尺沿筒口中心线向两边刮平,称出试样和容量筒的总质量。

2.粗骨料堆积密度试验

(1)按规定取样:当骨料最大粒径为 9.5 ~26.5 mm、31.5 ~37.5 mm、63 ~75 mm 时,分别取不少于 40 kg、80 kg、120 kg 试样,烘干或风干后,拌匀并把试样分为大致相等的两份备用。

(2)松散堆积密度:取试样一份,用小铲将试样从容量筒口中心上方 50 mm 处徐徐倒入,让试样以自由落体落下,当容量筒上部试样呈锥体,且容量筒四周溢满时,即停止加料。除去凸出容量筒口表面的颗粒,并以合适的颗粒填入凹陷部分,使得表面稍凸起部分和凹陷部分的体积大致相等(试验过程应防止触动容量筒),称出试样和容量筒的总质量。

(3)紧密堆积密度:取试样一份分三次装入容量筒。装完第一层后,在筒底垫放一根直径为 16 mm 的圆钢垫棒,将筒按住,左右交替颠击地面各 25 次;再装入第二层,第二层装满后用同样的方法颠实(但筒底所垫圆钢垫棒的方向与第一层的方向垂直);然后装入第三层,如法颠实。试样装填完毕,再加试样直至超过筒口,用直尺沿筒口边缘刮去高出的试样,并用合适的颗粒填平凹处,使表面稍凸起部分与凹陷部分的体积大致相等,称取试样和容量筒的总质量。

(五)试验结果确定

(1)按照式(1-4)计算松散堆积密度或紧密堆积密度 ρ_0',计算精确至 10 kg/m^3

$$\rho_0' = \frac{m_2 - m_1}{V_0'} \times 1\,000 \tag{1-4}$$

式中　m_1——容量筒的质量,kg;

m_2——试样和容量筒的总质量,kg;

V_0'——容量筒的容积,L。

(2)按照式(1-5)计算空隙率 P_0(%),计算精确至1%

$$P_0 = \left(1 - \frac{\rho_0'}{\rho_0 \times 1\,000}\right) \times 100\% \tag{1-5}$$

式中　ρ_0'——试样的堆积密度,kg/m^3;

ρ_0——试样的干表观密度,g/cm^3。

(3)堆积密度取两次试验测值的算术平均值作为试验结果,精确至 10 kg/m^3。空隙率取两次试验结果的算术平均值,精确至 1%。

容量筒容积的校正方法:将温度为(20±2)℃的饮用水装满容量筒,用一块玻璃板沿筒口滑移,使其紧贴水面。擦干筒外壁水分,称其质量,用式(1-6)计算容量筒的容积

$$V_0' = \frac{m_2' - m_1}{1\,000} \tag{1-6}$$

式中　V_0'——容量筒的容积,L;

m_1——容量筒的质量,g,精确至 1 g;

m_2'——水和容量筒的总质量,g,精确至 1 g。

四、试验记录与结果处理

试验记录与结果处理按表 1-1 ~ 表 1-4 进行。

表 1-1　密度试验试验记录与结果处理

试验日期		温度(℃)		相对湿度(%)		
序号	李氏瓶刻度值 V_1(cm^3)	李氏瓶刻度值 V_2(cm^3)	绝对密实体积 $V=V_2-V_1$(cm^3)	试样质量 m_1-m_2(g)	密度 ρ(g/m^3)	ρ(g/m^3) 试验结果

表 1-2　表观密度(视密度)试验试验记录与结果处理(一)

试验日期				温度(℃)				相对湿度(%)		
形状规则体试验	长方体	测量次数	第一次		第二次		第三次	平均值	试样质量(g)	表观密度 ρ_0 (g/cm³)
		长(mm)								
		宽(mm)								
		高(mm)								
		体积(cm³)								
	圆柱体	测量次数	第一次	第二次	第三次	第四次	第五次	第六次	平均值	试样质量(g)	表观密度 ρ_0(g/cm³)
		直径(mm)									
		高度(测4次)(mm)									
		体积(cm³)									

表 1-3　表观密度(视密度)试验试验记录与结果处理(二)

试验日期				温度(℃)	相对湿度(%)			
形状不规则体试验	序号	试件在空气中的质量 m(g)	蜡封试件在空气中的质量 m_1(g)	蜡封试件在水中的质量 m_2(g)	水的密度 $\rho_{水}$ (1.0 g/m³)	石蜡的密度 $\rho_{蜡}$ (0.93 g/m³)	表观密度 ρ_0 (g/m³)	ρ_0 (g/m³) 试验结果
	1							
	2							
	3							
	4							
	5							

表 1-4　堆积密度试验试验记录与结果处理

试验日期			温度(℃)			相对湿度(%)		
序号	容量筒的质量 m_1(kg)	水和容量筒的总质量 m_2'(kg)	容量筒的容积 V_0'(L)	试样和容量筒的总质量 m_2(kg)	堆积密度 ρ_0' (kg/m³)	ρ_0' (kg/m³) 试验结果	空隙率 P_0 (%)	P_0(%) 试验结果

五、试验结果分析及讨论

试验二　水泥试验

以同一水泥厂、同品种、同强度等级、同期到达的水泥进行取样和编号。一般以不超过100 t为一个取样单位，取样应具有代表性，可连续取，也可在20个以上不同部位抽取等量的样品，总量不少于12 kg。

水泥试验的一般要求为：试验用水必须是洁净的淡水；试验室温度应为(20 ±2)℃，相对湿度应不低于50%；湿气养护箱温度为(20 ±1)℃，相对湿度应不低于90%；养护池水温为(20 ±1)℃；水泥试样、标准砂、拌和水及仪器用具的温度应与试验室温度相同。

一、水泥细度试验

(一)试验目的

水泥细度直接影响水泥的凝结时间、强度、水化热等技术性质，因此测定水泥细度是否达到规范要求，对工程具有重要意义。该试验的目的是检验水泥颗粒的粗细程度，评定水泥的质量。

(二)依据的规范标准

本试验依据《水泥细度检验方法　筛析法》(GB/T 1345—2005)进行。水泥细度的测定方法有负压筛法、水筛法及干筛法。当试验结果发生争议时，以负压筛法为准。

(三)负压筛法

1. 主要仪器设备

(1)负压筛析仪：由筛座、负压筛、负压源及吸尘器组成。

(2)天平：最大称量为100 g，感量0.05 g。

2. 试验方法步骤

(1)筛析试验前，将负压筛放在筛座上，盖上筛盖，接通电源，检查控制系统，调节负压表至4 000 ~6 000 Pa。

(2)称取水泥试样25 g(精确至0.01 g)，倒入洁净的负压筛中，盖上筛盖，放在筛座上，开动筛析仪连续筛析2 min，在此期间如有试样附着在筛盖上，可轻轻地敲击，使试样落下。

(3)筛毕，用天平称量筛余物的质量R_S(精确至0.01 g)，计算筛余百分数。

(4)当工作负压小于4 000 Pa时，应清理吸尘器内水泥，使负压恢复正常。

(四)手工筛析法

1. 主要仪器设备

(1)标准筛：0.08 mm方孔筛，筛框有效直径150 mm、高50 mm，并附有筛盖。

(2)天平：最大称量为100 g，感量0.05 g。

2. 试验方法步骤

(1)称取水泥试样50 g(精确至0.01 g)，倒入手工筛内，盖好筛盖。

(2)用一只手执筛往复摇动,另一只手轻轻拍打筛外壁,拍打速度约 120 次/min,每 40 次向同一方向转动 60°,使试样均匀分布在筛网上,直至通过的试样量不超过 0.03 g/min。

(3)筛毕,用天平称量筛余物的质量 R_S,精确至 0.05 g,计算筛余百分数。

(五)试验结果确定

水泥试样筛余百分数按式(2-1)计算

$$F = \frac{R_S}{W} \times 100\% \tag{2-1}$$

式中　F——水泥试样的筛余百分数,计算结果精确至 0.1%;

R_S——水泥筛余物的质量,g;

W——水泥试样的质量,g。

本试验以一次试验结果作为检验结果。

由于试验筛的筛网会在试验中磨损,因此筛析结果应进行修正。(此处省略修正方法)

二、水泥标准稠度用水量试验

(一)试验目的

水泥浆的稀稠,对水泥的凝结时间、体积安定性等技术性质的试验结果影响很大。因此,为了便于对试验结果进行分析比较,必须在相同稠度,即标准稠度下试验。水泥标准稠度用水量以水泥浆达到标准稠度时的用水量占水泥用量的百分数表示。水泥标准稠度用水量的测定是水泥凝结时间、体积安定性测定的基础。

(二)依据的规范标准

本试验依据《水泥标准稠度用水量、凝结时间、安定性检验方法》(GB/T 1346—2011)进行。

(三)主要仪器设备

(1)水泥净浆搅拌机。如图 2-1 所示,符合 JC/T 729 的要求。(注:通过减小搅拌翅和搅拌锅之间间隙的误差,可以制备均匀的净浆)

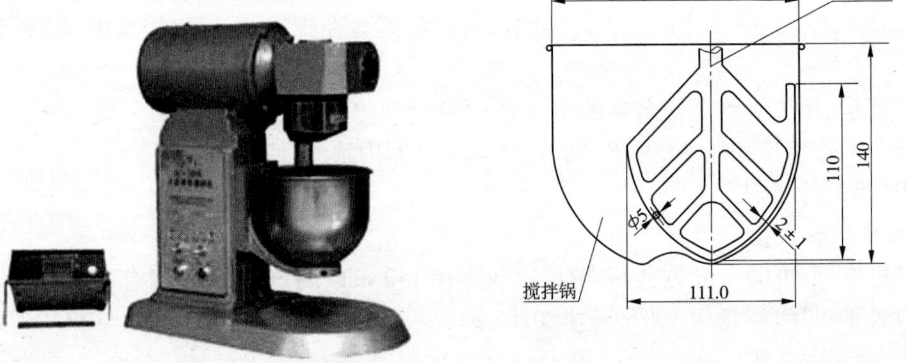

图 2-1　水泥净浆搅拌机及搅拌叶片　(单位:mm)

(2)标准法维卡仪。如图 2-2 所示,标准稠度测定用试杆由有效长度为(50 ±1)mm、直径为(10 ±0.05)mm 的圆柱形耐腐蚀金属制成。与试杆联结的滑动杆表面应光滑,能靠重力自由下落,不得有紧涩和旷动现象。

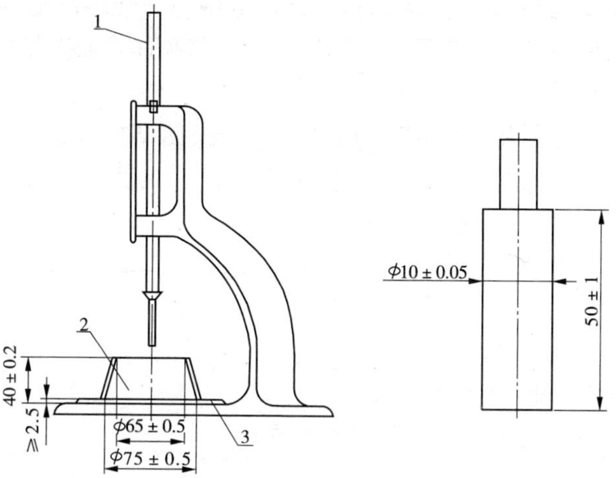

1—滑动杆;2—试模;3—玻璃板

图 2-2　标准法维卡仪与标准稠度试杆　(单位:mm)

盛装水泥净浆的试模见图 2-2,由耐腐蚀的、有足够硬度的金属制成。试模为深(40 ±0.2)mm、顶内径(φ65 ±0.5)mm、底内径(φ75 ±0.5)mm 的截顶圆锥体。每个试模应配备一个边长或直径约 100 mm、厚度 4 ~5 mm 的平板玻璃底板或金属底板。

(3)量筒或滴定管:精度 ±0.5 mL。

(4)天平:最大称量不小于 1 000 g,分度值不大于 1 g。

(四)试验方法步骤

1. 标准法

1)试验前准备工作

(1)维卡仪的滑动杆能自由滑动。试模和玻璃底板用湿布擦拭,将试模放在底板上(不涂油)。

(2)调整至试杆接触玻璃板时指针对准零点。

(3)搅拌机运行正常。

2)水泥净浆的拌制

用水泥净浆搅拌机搅拌,搅拌锅和搅拌叶片先用湿布擦过,将拌和水倒入搅拌锅内,然后在 1 ~2 s 内小心将称好的 500 g 水泥加入水中,防止水和水泥溅出(先放水后放水泥);拌和时,先将锅放在搅拌机的锅座上,升至搅拌位置,启动搅拌机,低速搅拌 120 s,停 15 s,同时将叶片和锅壁上的水泥净浆刮入锅中间,接着高速搅拌 120 s 停机(由于搅拌过程一般已设置成自动,必须待指示搅拌时间完全归零后,才意味着搅拌结束,方可取下搅拌锅)。

3)标准稠度用水量的测定

拌和结束后,立即取适量水泥净浆一次性将其装入已置于玻璃底板上的试模中,浆体超过试模上端,用宽约 25 mm 的直边刀轻轻拍打超出试模部分的浆体,以排除浆体中的孔隙,然后在试模上表面约 1/3 处,略倾斜于试模分别向外轻轻刮掉多余净浆,再从试模边沿轻抹顶部一次,使净浆表面光滑。在刮掉多余净浆和抹平的操作过程中,注意不要压实净浆;抹平后迅速将试模和底板移到维卡仪上,并将其中心定在试杆下,降低试杆直至与水泥净浆表面接触,拧紧螺丝 1 ~ 2 s 后,突然放松,使试杆垂直自由地沉入水泥净浆中。在试杆停止沉入或释放试杆 30 s 时记录试杆距底板的距离,升起试杆后,立即擦净。整个操作应在搅拌后 1.5 min 内完成。以试杆沉入净浆并距底板(6 ± 1)mm 时的水泥净浆为标准稠度净浆。其拌和水量为该水泥的标准稠度用水量(P),按水泥质量的百分比计。

2. 代用法

1)试验前准备工作

(1)维卡仪的金属棒能自由滑动。

(2)调整至试锥接触锥模顶面时指针对准零点。

(3)搅拌机运行正常。

2)水泥净浆的拌制

与标准法的相同。

3)标准稠度用水量的测定

(1)采用代用法测定水泥标准稠度用水量可用调整水量和不变水量两种方法的任一种测定。采用调整水量方法时拌和水量按经验找水,采用不变水量方法时拌和水量为 142.5 mL。

(2)拌和结束后,立即将拌制好的水泥净浆装入锥模中,用宽约 25 mm 的直边刀在浆体表面轻轻插捣 5 次,再轻捣 5 次,刮去多余的净浆;抹平后迅速放到试锥下面固定的位置上,将试锥降至净浆表面,拧紧螺丝 1 ~2 s 后,突然放松,将试锥垂直自由地沉入水泥净浆中。将试锥停止下沉或释放试锥 30 s 时记录试锥下沉深度。整个操作应在搅拌后 1.5 min 内完成。

(3)用调整水量方法测定时,以试锥下沉深度(30 ± 1)mm 时的净浆为标准稠度净浆。其拌和水量为该水泥的标准稠度用水量 P,按水泥质量的百分比计。若下沉深度超出范围,需另称试样,调整水量重新试验,直至达到(30 ± 1)mm。

(4)用不变水量方法测定时,根据测得的试锥下沉深度 S(mm)按式(2-2)(或仪器上对应标尺)计算标准稠度用水量 P(%)

$$P = 33.4 - 0.185S \tag{2-2}$$

当试锥下沉深度小于 13 mm 时,应改用调整水量方法测定。

三、水泥凝结时间试验

(一)试验目的

水泥初凝时间是指从加水到水泥净浆开始失去塑性所经历的时间。终凝时间是指从加水到水泥净浆完全塑性所经历的时间。水泥凝结时间的长短对施工方法和工程进度有很大的影响，进行凝结时间的测定，以检验水泥是否满足国家标准的要求。

（二）依据的规范标准

本试验依据《水泥标准稠度用水量、凝结时间、安定性检验方法》（GB/T 1346—2011）进行。

（三）主要仪器设备

水泥净浆搅拌机、维卡仪和试模同上，但须将试杆换为试针。如图2-3、图2-4所示，试针由钢制成，其有效长度初凝针为(50 ± 1) mm、终凝针为(30 ± 1) mm，直径为(1.13 ± 0.05) mm。滑动部分的总质量为(300 ± 1) g。与试针联结的滑动杆表面应光滑，能靠重力自由下落，不得有紧涩和旷动现象。

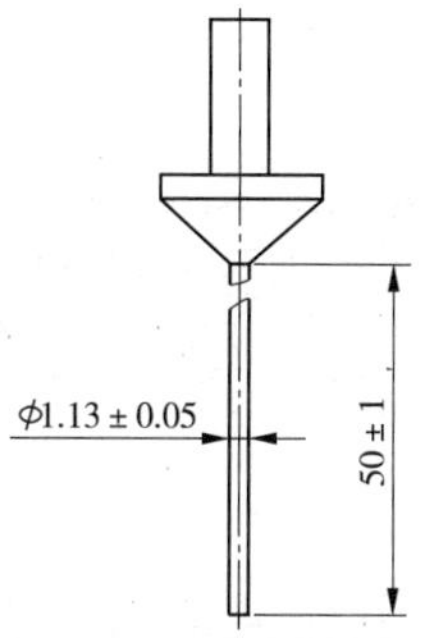

图2-3　初凝用试针　（单位：mm）

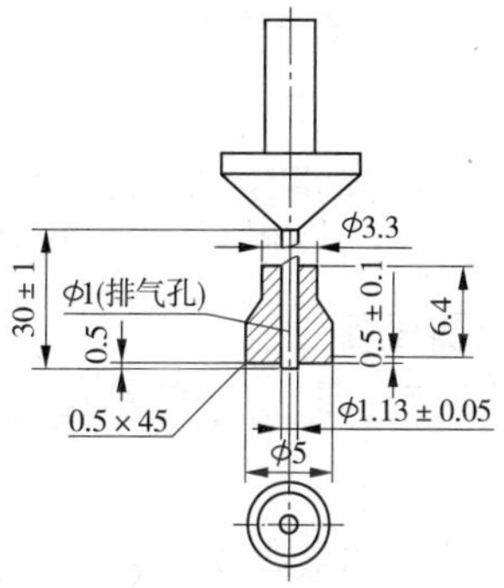

图2-4　终凝用试针　（单位：mm）

（四）试验方法步骤

(1)调整至凝结时间测定仪的试针接触玻璃板时指针对准零点。

(2)以标准稠度用水量制成标准稠度净浆，仍按标准稠度用水量测定标准方式装模和刮平后，立即放入湿气养护箱中。记录水泥全部加入水中的时间作为凝结时间的起始时间。

(3)试件在湿气养护箱中养护至加水后30 min时进行第一次测定。测定时，从湿气养护箱中取出试模放到试针下，降低试针与水泥净浆表面接触。拧紧螺丝1～2 s后，突然放松，试针垂直自由地沉入水泥净浆。观察试针停止下沉或释放试针30 s时指针的读数。临近初凝时间每隔5 min（或更短时间）测定一次，当试针沉至距底板(4 ± 1) mm时，为水泥达到初凝状态。由水泥全部加入水中至初凝状态的时间为水泥的初凝时间，用min来表示。

(4)在完成初凝时间测定后，立即将试模连同浆体以平移的方式从玻璃板取下，翻转180°，直径大端向上、小端向下放在玻璃板上，再放入湿气养护箱中继续养护。临近终凝时间每隔15 min（或更短时间）测定一次，当试针沉入试体0.5 mm时，即环形附件开始不能在试体上留下痕迹时为水泥达到终凝状态。由水泥全部加入水中至终凝状态的时间为水泥的终凝时间，用min表示。

测定时应注意：在最初测定的操作时应轻轻扶持金属棒，使其徐徐下降，以防试针撞弯，但结果以自由下落为准；在整个测试过程中，试针沉入的位置至少要距试模内壁10

mm。临近初凝时每隔 5 min(或更短时间)测定一次,临近终凝时每隔 15 min(或更短时间)测定一次。达到初凝时应立即重复测一次,当两次结论相同时才能确定达到初凝状态。达到终凝时,需要在试体另外两个不同点测试,确定结论相同时才能确定达到终凝状态。每次测定不得让试针落入原针孔,每次测试完毕须将试针擦净并将圆模放回湿气养护箱内,整个测定过程中要防止圆模受振。

四、水泥体积安定性试验

(一)试验目的

水泥体积安定性是指水泥在凝结硬化过程中体积变化的均匀性。测定水泥的体积安定性,作为评定水泥质量合格的依据之一。

(二)依据的规范标准

本试验依据《水泥标准稠度用水量、凝结时间、安定性检验方法》(GB/T 1346—2011)进行。

(三)主要仪器设备

(1)水泥净浆搅拌机、湿气养护箱、天平、量水器。

(2)沸煮箱。

(3)雷氏夹、雷氏夹膨胀测定仪。雷氏夹见图 2-5,雷氏夹膨胀测定仪见图 2-6。

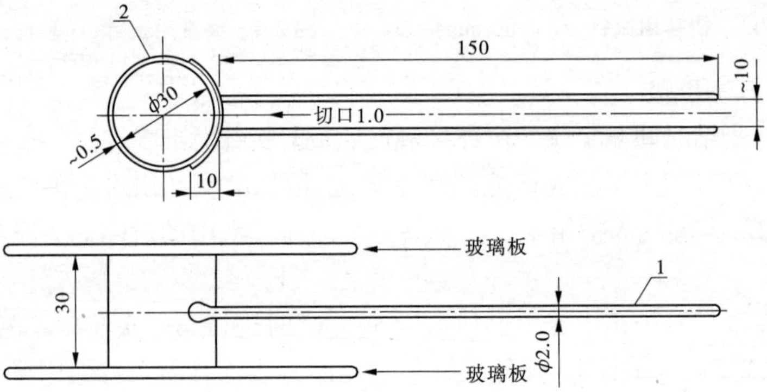

1—指针;2—环模

图 2-5　雷氏夹　(单位:mm)

(四)试验方法步骤

1. 标准法

1)试验前准备工作

每个试样需成型两个试件,每个雷氏夹需配备两个边长或直径约 80 mm、厚度 4 ~ 5 mm 的玻璃板,凡与水泥净浆接触的玻璃板和雷氏夹内表面都要稍稍涂上一层油。

2)雷氏夹试件的成型

将预先准备好的雷氏夹放在已稍擦油的玻璃板上,并立即将已制好的标准稠度净浆一次装满雷氏夹,装浆时一只手轻轻扶持雷氏夹,另一只手用宽约 25 mm 的直边刀在浆

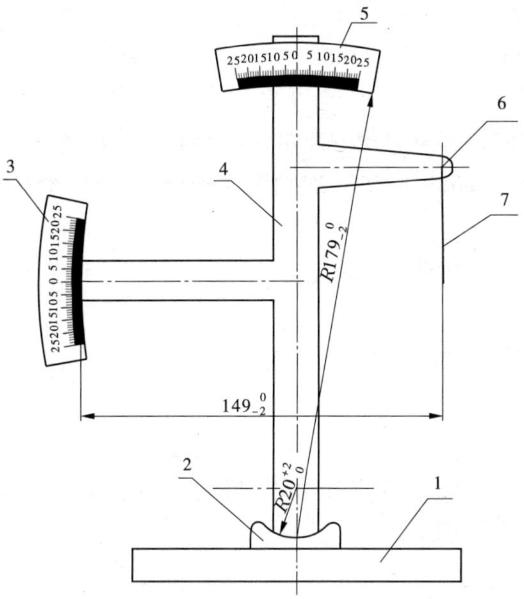

1—底座；2—模子座；3—测弹性标尺；4—立柱；
5—测膨胀值标尺；6—悬臂；7—悬丝

图 2-6　雷氏夹膨胀测定仪　（单位：mm）

体表面轻轻插捣 3 次，然后抹平，盖上稍涂油的玻璃板，接着立即将试件移至湿气养护箱内养护(24±2)h。

3)沸煮

(1)调整好沸煮箱内的水位，使能保证在整个沸煮过程中都超过试件，不需中途添补试验用水，同时保证能在(30±5)min 内升至沸腾。

(2)脱去玻璃板取下试件，先测量雷氏夹指针尖端间的距离 A，精确到 0.5 mm，接着将试件放入沸煮箱水中的试架上，指针朝上，然后在(30±5)min 内加热至沸腾，并恒沸(180±5)min。

2. 代用法

1)试验前准备工作

每个样品需准备两块边长约 100 mm 的玻璃板，凡与水泥净浆接触的玻璃板都要稍稍涂上一层油。

2)试饼的成型方法

将制好的标准稠度净浆取出一部分分成两等份，使之呈球形，放在预先准备好的玻璃板上，轻轻振动玻璃板并用湿布擦过的小刀由边缘向中央抹，做成直径 70～80 mm、中心厚约 10 mm、边缘渐薄、表面光滑的试饼，接着将试饼放入湿气养护箱内养护(24±2)h。

3)沸煮

(1)步骤同标准法。

(2)脱去玻璃板取下试饼，在试饼无缺陷的情况下将试饼放在沸煮箱水中的篦板上，然后在(30 ±5)min 内加热至沸腾,并恒沸(180 ±5)min。

(五)试验结果确定

1. 标准法的结果判别

沸煮结束后,立即放掉沸煮箱中的热水,打开箱盖,待箱体冷却至室温,取出试件进行判别。测量雷氏夹指针尖端的距离 C,准确至0.5 mm。当两个试件煮后增加距离 $C-A$ 的平均值不大于5.0 mm时,即认为该水泥安定性合格;当两个试件煮后增加距离 $C-A$ 平均值大于5.0 mm时,应用同一样品立即重做一次试验,再如此,则认为该水泥安定性不合格。

2. 代用法的结果判别

沸煮结束后,立即放掉沸煮箱中的热水,打开箱盖,待箱体冷却至室温,取出试件进行判别。目测试饼未发现裂缝,用钢直尺检查也没有弯曲(使钢直尺和试饼底部紧靠,以两者间不透光为不弯曲)的试饼为安定性合格,反之为不合格。当两个试饼判别结果有矛盾时,该水泥的安定性为不合格。

五、水泥胶砂强度试验

(一)试验目的

水泥胶砂强度反映了水泥硬化到一定龄期后胶结能力的大小,是确定水泥强度等级的依据。通过测定不同龄期的抗折强度和抗压强度来确定水泥强度等级或评定水泥强度是否符合规定要求。

(二)依据的规范标准

本试验依据《水泥胶砂强度检验方法(ISO法)》(GB/T 17671—1999)进行。

(三)主要仪器设备

(1)行星式胶砂搅拌机(ISO 679):由胶砂搅拌锅和搅拌叶片相应的机构组成,搅拌叶片呈扇形,工作时搅拌叶片既绕自身轴线自转又沿搅拌锅周边公转,并且具有高、低两种速度:自转低速时为(140 ±5)r/min,高速时为(285 ±10)r/min;公转低速时为(62 ±5)r/min,高速时为(125 ±10)r/min。叶片与锅底、锅壁的工作间隙为(3 ±1)mm。

(2)胶砂试件成型振实台(ISO 679):如图2-7所示,由可以跳动的台盘和使其跳动的凸轮等组成,振实台振幅(15 ±0.3)mm,振动频率60次/min。

(3)胶砂振动台:可作为振实台的代用设备,其振幅为(0.75 ±0.02)mm,振动频率为2 800 ~3 000次/min,台面装有卡具。

(4)胶砂试模:如图2-8所示,可装拆的三联模,模内腔尺寸为40 mm ×40 mm ×160 mm。

(5)下料漏斗:下料口宽为4 ~5 mm,两个播料器和一个刮平直尺。

(6)水泥抗折试验机:一般采用双杠杆式、比值为1:50的电动试验机,也可采用性能符合要求的其他试验机。两个支承圆柱中心间距为(100 ±0.2)mm。抗折强度测定加荷见图2-9。

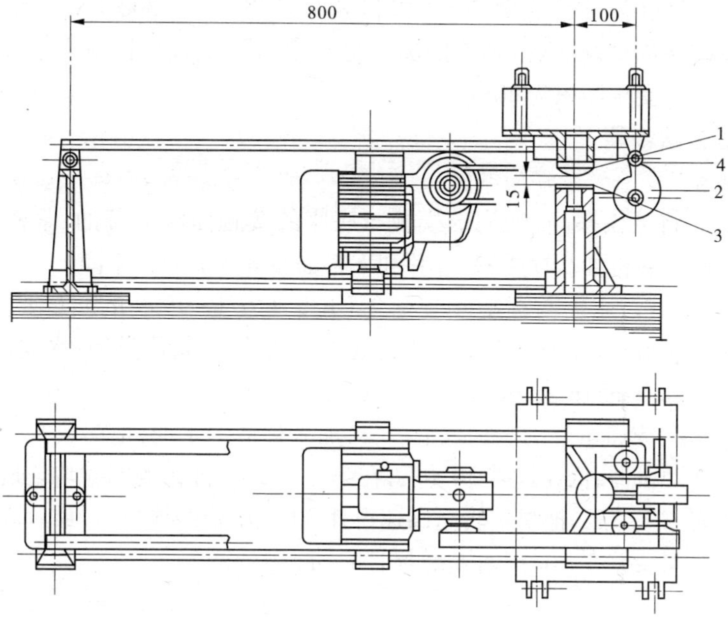

1—突头；2—凸轮；3—止动器；4—随动器

图 2-7　胶砂试件成型振实台　（单位:mm）

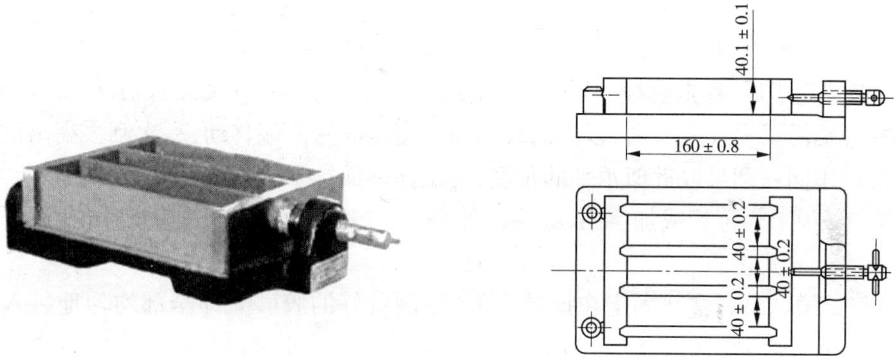

图 2-8　胶砂试模　（单位:mm）

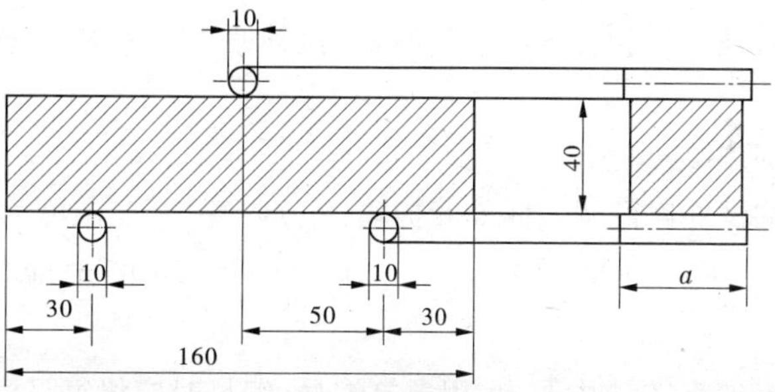

图 2-9　抗折强度测定加荷　（单位:mm）

(7)压力试验机与抗压夹具:压力机最大荷载以 200 ~ 300 kN 为宜,误差不大于 ±1%,具有按(2 400 ±200)N/s 速率的加荷能力;抗压夹具由硬钢制成,应符合 JC/T 683 标准的要求。试件受压面积为 40 mm×40 mm。

(四)试验方法步骤

1.胶砂制备

(1)试验前,将试模擦净,四周的模板与底座的接触面涂上黄油,紧密装配,防止漏浆。内壁均匀刷一层机油。搅拌锅、叶片和下料漏斗等用湿布擦干净。

(2)胶砂配合比。水泥与标准砂应符合 GB/T 17671—1999 的质量要求。试验采用灰砂比为 1:3,水灰比为 0.50。一锅胶砂成型 3 个试件,材料用量为:水泥(450 ±2)g,中国 ISO 标准砂(1 350 ±5)g,拌和水(225 ±1)mL。

(3)搅拌程序:先将量好的水加入锅内,再加入称好的水泥,把锅放在固定架上,上升至固定位置。开动机器,低速搅拌 30 s 后,在第二个 30 s 开始的同时均匀地加入标准砂。标准砂全部加完(30 s)后,把机器转至高速再拌 30 s,接着停拌 90 s,最后高速搅拌 60 s。各个搅拌阶段时间误差在 ±1 s 以内,总搅拌时间为 4 min。

2.试件成型

1)用振实台成型

(1)将空试模和模套固定在振实台上,将胶砂分两层装入试模。装第一层时,每个槽内约装 300 g 胶砂,用大播料器垂直架在模套顶部,沿每个模槽来回一次将料层播平,接着振动 60 次;再装入第二层胶砂,用小播料器播平,再振动 60 次。

(2)振实完毕后,移走套模,从振动台上取下试模,用刮平直尺以近似 90°的角度,架在试模的一端沿试模长度方向,以横向锯割动作慢慢向另一端移动,一次刮去高出试模的胶砂。最后用同一刮尺以近似水平的角度,将试体表面抹平。

(3)在试模上作标记或加字条,标明试件编号,并进行养护。

2)用振动台成型

(1)将试模和下料漏斗固定在振动台上,将制备好的胶砂立即全部均匀地装入漏斗内,启动振动台,胶砂下料时间为 20 ~ 40 s(下料时间以漏斗三格中的两个出现空洞时为准),振动(120 ±5)s 停止。

下料时间如大于 20 ~ 40 s,需调整漏斗下料口宽度或用小刀扰动胶砂以加速下料。

(2)振动完毕后,取下试模,移走下料漏斗,试体表面抹平和标记与用振实台成型法相同。

3.试件养护及脱模

(1)将成型好的试件连模放入标准养护箱(室)内养护,在温度为(20 ±1)℃、相对湿度不低于 90% 的条件下养护 20 ~ 24 h 脱模(对于龄期为 24 h 的,应在破型试验前 20 min 内脱模)。

(2)将试件从养护箱(室)中取出,用墨笔编号,编号时应将每只模中三条试件编在两龄期内,同时编上成型与测试日期。然后脱模,脱模时应防止损伤试件。硬化较慢的水泥允许 24 h 以后脱模,但须记录脱模时间。

(3)试件脱模后立即水平或竖直放入水槽中养护,养护水温为(20 ± 1)℃。水平放置时刮平面应朝上,试件之间留有空隙,水面至少高出试件 5 mm,最后用自来水装满水池,并随时加水以保持恒定水位。

(4)各龄期的试件,必须在相应的时间 24 h ± 15 min、48 h ± 30 min、72 h ± 45 min、7 d ±2 h、28 d ±8 h 内进行强度试验。到龄期的试件应在强度试验前 15 min 从水中取出,除去试件表面杂质,并用湿布覆盖至试验开始。

4. 水泥抗折强度试验

(1)将抗折试验机夹具的圆柱表面清理干净,并调整杠杆处于平衡状态。

(2)用湿布擦去试件表面的水分和砂粒,将试件的侧面放入夹具内,调整夹具,使杠杆在试件折断时尽可能接近平衡位置。

(3)以(50 ± 10)N/s 的速率加荷,直到试件被折断,记录破坏荷载 F_f(N)或抗折强度 R_f(MPa)。

(4)试验结果计算及处理。按式(2-3)计算每条试件的抗折强度 R_f,精确至 0.1 MPa

$$R_f = \frac{1.5F_fL}{b^3} \tag{2-3}$$

式中　F_f——折断时施加于棱柱体中部的荷载,N;

L——支撑圆柱之间的距离,100 mm;

b——棱柱体正方形截面的边长,40 mm。

以 1 组 3 个棱柱体试件抗折强度测定值的算术平均值作为试验结果。当 3 个测值中仅有 1 个超过平均值的 ±10% 时,应剔除,再以剩下两个测值的平均值作为试验结果;当 3 个测值中有两个超过平均值的 ±10% 时,则该组试验结果作废。

5. 水泥抗压强度试验

(1)将折断后的 6 个断块立即拿到抗压试验机上进行抗压试验。抗压试验须用抗压夹具进行,试件受压面积为 40 mm ×40 mm。将试件侧面放入夹具内,试件底面应紧靠夹具上的定位销,断块露出上压板外的部分应不少于 10 mm。

(2)在整个加荷过程中,夹具应位于压力机承压板中心,以(2 400 ± 200)N/s 的速率均匀地加荷直至破坏,记录破坏荷载 F_C(N)。

(3)试验结果计算与处理。按式(2-4)计算每块试件的抗压强度 R_C,精确至 0.1 MPa

$$R_C = \frac{F_C}{A} \tag{2-4}$$

式中　F_C——破坏时的最大荷载,N;

A——受压部分面积,1 600 mm^2。

以 1 组 3 个棱柱体上得到的 6 个抗压强度测定值的算术平均值作为试验结果。如果 6 个测定值中有 1 个超过平均值的 ±10%,应剔除,以剩下 5 个测值的平均值作为试验结果;如果 5 个测值中再有超过它们平均值的 ±10%,则该组结果作废。

六、试验记录与结果处理

(一)水泥细度试验(筛析法)

水泥细度试验(筛析法)试验记录与结果处理按表 2-1 进行。

表 2-1　水泥细度试验(筛析法)试验记录与结果处理

水泥品种:＿＿＿＿＿＿　强度等级:＿＿＿＿＿＿

产地厂名:＿＿＿＿＿＿　出厂日期:＿＿＿＿＿＿

编号	试样质量(g)	筛余量(g)	筛余百分数(%)	备注

结论:根据国家标准,该水泥细度为＿＿＿＿。

(二)水泥标准稠度用水量试验

水泥标准稠度用水量试验试验记录与结果处理按表 2-2 进行。

表 2-2　水泥标准稠度用水量试验试验记录与结果处理

编号	试样质量(g)	固定用水量用水(cm^3)	下沉深度(mm)	标准稠度用水量(%)

(三)水泥凝结时间试验

搅拌净浆时,水泥全部加入水中时的时间:＿＿＿＿h:＿＿＿＿min

水泥净浆达初凝时的时间:＿＿＿＿h:＿＿＿＿min　初凝时间:＿＿＿＿min

水泥净浆达终凝时的时间:＿＿＿＿h:＿＿＿＿min　终凝时间:＿＿＿＿min

结论:＿＿＿＿＿＿＿＿＿＿＿＿＿＿＿＿＿＿。

(四)水泥体积安定性试验

标准法(雷氏法)　代用法(试饼法)

雷氏夹膨胀值(mm):＿＿＿＿＿＿。沸煮后目测试饼情况:＿＿＿＿＿＿。

结论:体积安定性＿＿＿＿＿＿。结论:体积安定性＿＿＿＿＿＿。

(五)水泥胶砂强度试验

水泥胶砂强度试验试验记录与结果处理按表 2-3 ~ 表 2-7 进行。

(1)成型试件所需材料用量称量。

表 2-3　成型三条试件所需材料用量记录

试件成型日期:　　年　　月　　日

成型三条试件所需材料用量		
水泥(g)	标准砂(g)	水(cm^3)

(2)抗折强度测定。

表 2-4　水泥胶砂抗折强度试验试验记录与结果处理(一)

测试日期：　　年　　月　　日　　　　　龄期:3 d　　　　　加荷速率：　　N/s

编号	破坏荷载 F_f(N)	抗折强度 R_f(MPa)	抗折强度平均值(MPa)
1			
2			
3			

表 2-5　水泥胶砂抗折强度试验试验记录与结果处理(二)

测试日期：　　年　　月　　日　　　　　龄期:28 d　　　　　加荷速率：　　N/s

编号	破坏荷载 F_f(N)	抗折强度 R_f(MPa)	抗折强度平均值(MPa)
1			
2			
3			

(3)抗压强度测定。

表 2-6　水泥胶砂抗压强度试验试验记录与结果处理(一)

测试日期：　　年　　月　　日　　　　　龄期:3 d　　　　　加荷速率：　　N/s

编号	受压面积 A(mm^2)	破坏荷载 F_C(N)	抗压强度 R_C(MPa)	抗压强度平均值(MPa)
1				
2				
3				
4				
5				
6				

表 2-7　水泥胶砂抗压强度试验试验记录与结果处理(二)

测试日期：　　年　　月　　日　　　　　龄期:28 d　　　　　加荷速率：　　N/s

编号	受压面积 A(mm^2)	破坏荷载 F_C(N)	抗压强度 R_C(MPa)	抗压强度平均值(MPa)
1				
2				
3				
4				
5				
6				

(4)确定水泥强度等级。

根据国家标准____________________,该水泥强度等级为________。

七、试验结果分析及讨论

试验三　混凝土骨料试验

一、砂的颗粒级配试验

(一)试验目的

砂的颗粒级配是指不同粒径的砂颗粒的组合情况。依据筛分来检验砂的级配及其粗细程度是否符合规范要求。在搅拌混凝土时,砂的级配和粗细程度对节约水泥和获得均匀的混凝土有重要影响。

(二)依据的规范标准

本试验根据《建设用砂》(GB/T 14684—2011)进行。

(三)主要仪器设备

(1)鼓风烘箱:能使温度控制在(105±5)℃。

(2)天平:称量1 000 g,感量1 g。

(3)方孔筛:孔径为150 μm、300 μm、600 μm、1.18 mm、2.36 mm、4.75 mm及9.50 mm的筛各一个,并附有筛底和筛盖。

(4)摇筛机、搪瓷盘及毛刷等。

(四)试验方法步骤

1.试样制备

用于颗粒级配试验的砂,其颗粒粒径不应大于9.5 mm。在取样前,应先将砂通过9.50 mm筛,并且算出其筛余百分率。然后取在潮湿状态充分拌匀、用四分法缩分至每份不少于550 g的砂两份,在(105±5)℃下烘至恒重,并在干燥器内冷却至室温备用。

2.试验步骤

(1)称取烘干试样500 g,记为m。将试样倒入按孔径大小从上到下组合的套筛(附筛底)上,将套筛置于摇筛机上,摇筛10 min;取下套筛,按筛孔大小顺序再逐个用手摇筛,筛至每分钟通过量小于试样总量的0.1%(0.5 g)为止。通过的试样放入下一号筛中,并和下一号筛中的试样一起过筛,按照顺序进行,直至各号筛全部筛完。

(2)称出各号筛上的筛余量G,试样在各号筛上的筛余量不得超过按下式计算出的量(精确至1 g)

$$G = \frac{Ad^{\frac{1}{2}}}{200} \tag{3-1}$$

式中　G——在一个筛上的筛余量,g;

A——筛面面积,mm^2;

d——筛孔尺寸,mm。

当筛余量G超过按式(3-1)计算出的数值时,应按照下面的方法处理:

①将该粒级试样分成少于按式(3-1)计算出的量,分别进行筛分,并以筛余量之和作

为该号筛的筛余量。

②将该粒级及以下各粒级的筛余物混合均匀，称出其质量。再用四分法缩分为大致相等的两份，取其中一份，称出其质量，继续筛分。计算该粒级及以下各粒级的分计筛余量时应根据缩分比例进行修正。

（五）试验结果确定

（1）计算分计筛余百分率 a_i：各号筛的筛余量与试样总量之比，精确至0.1%。

（2）计算累计筛余百分率 A_i：该号筛的筛余百分率加上该号以上各筛的筛余百分率之和，精确至0.1%。筛分后，如各筛筛余（包括筛底）的质量总和与原试样质量之差超过1%，试验须重做。

（3）根据各筛的累计筛余百分率评定该砂样的颗粒级配分布情况。

（4）按照式（3-2）计算砂的细度模数 μ_f

$$\mu_f = \frac{(A_2 + A_3 + A_4 + A_5 + A_6) - 5A_1}{100 - A_1} \tag{3-2}$$

式中　A_1、A_2、A_3、A_4、A_5、A_6——4.75 mm、2.36 mm、1.18 mm、600 μm、300 μm、150 μm 各筛上的累计筛余百分率。

累计筛余百分率取两次试验结果的算术平均值，精确至1%。细度模数取两次试验结果的算术平均值，精确至0.1。如两次试验的细度模数之差超过0.2，试验须重做。

二、砂的表观密度试验

砂的表观密度（也称为视密度）是指包括内部封闭孔隙在内的颗粒单位体积质量，以 g/cm^3 来表示。按颗粒含水状态的不同，有干表观密度与饱和面干表观密度之分。干表观密度是试样在完全干燥状态下测得的，饱和面干表观密度是在颗粒孔隙吸水饱和而外表干燥状态下测得的。

（一）试验目的

测定砂的表观密度，以此评定砂的质量。砂的表观密度也可用于混凝土配合比设计计算。

（二）依据的规范标准

本试验依据《建设用砂》（GB/T 14684—2011）进行测定。

（三）主要仪器设备

（1）天平：称量1 kg，感量0.5 g。

（2）容量瓶：500 mL。

（3）饱和面干试模及质量约340 g的捣棒。

（4）吹风机、烘箱、干燥器、温度计、搪瓷盘、滴管及毛刷等。

（四）试验方法步骤

1. 试样制备

（1）干试样：将1 000 g左右的砂在（105 ±5）℃烘箱中烘干至恒重，并在干燥器内冷却至室温。

（2）饱和面干试样：取2 000 g左右的砂，装入盘中，注入清水，水样应高出试样20 mm

左右，用玻璃棒轻轻搅拌，排除气泡。静置 24 h 后，将清水倒出，摊开砂样，用电吹风机缓缓吹暖风，并不时搅拌，使砂表面的水分蒸发，直至达到饱和面干状态。

(3)饱和面干试样的制法：将砂样分两层装入饱和面干试模内（试模放在玻璃板上），第一层装入模高度的一半，用捣棒均匀插捣 13 次（捣棒离试样表面约 10 mm 处自由落下）。第二层装满试模，再插捣 13 次，刮平表面，垂直将试模徐徐提起。当试样呈图 3-1①所示形状时，说明试样仍含有表面水，应继续吹风干燥；当试样呈图 3-1②所示形状时，即为饱和面干状态；当试样呈图 3-1③所示形状时，说明试样已过分干燥，应喷水 5 ~ 10 mL，将试样充分拌均，加盖后静置 30 min，再按上述方法进行试验，直至达到图 3-1②所示形状。

①试样过湿时状态　②试样饱和面干状态　③试样过干状态

(a)机制砂饱和面干试样状态

①试样过湿时状态　②试样饱和面干状态　③试样过干状态

(b)天然砂饱和面干试样状态

图 3-1　试样坍落形状

2. 试样步骤

(1)称取烘干的试样（或饱和面干试样）两份，每份 600 g，记为 m_1。装入盛有半瓶洁净水的容量瓶中，摇动容量瓶，使试样充分摇动，以排除气泡，塞紧瓶塞。

(2)在恒温条件下，对于干试样，静置 24 h 左右；对于饱和面干试样，静置 30 min。然后用滴管添水，使水面与瓶颈刻度线平齐，再塞紧瓶塞，擦干瓶外水分，称其质量，精确至 1 g，记为 m_2。

(3)倒出瓶中的水和试样，将瓶的内外表面洗净，再向瓶内注入同样温度的洁净水（温度差不超过 2 ℃）至瓶颈刻度线，塞紧瓶塞，擦干瓶外水分，称其总质量，精确至 1 g，记为 m_3。

（五）试验结果确定

(1)按式(3-3)计算干表观密度 $\rho_{0干}$（或饱和面干表观密度 $\rho_{0饱}$），精确至 0.01 g/cm³

$$\rho_{0干}（或 \rho_{0饱}） = \left(\frac{m_1}{m_1 + m_3 - m_2} - \alpha_t\right)\rho_{水} \tag{3-3}$$

式中　m_1——干试样（或饱和面干试样）质量，g；

m_2——瓶加干试样（或饱和面干试样）再加满水的质量，g；

m_3——瓶加满水的质量，g；

$\rho_{水}$——水的密度，一般按 1 g/cm³ 计算；

α_t——水温对表观密度影响的修正系数，见表 3-1。

表 3-1　水温对砂的表观密度影响的修正系数

水温(℃)	15	16	17	18	19	20	21	22	23	24	25
α_t	0.003	0.003	0.003	0.004	0.004	0.005	0.005	0.006	0.006	0.007	0.008

(2)以两次测值的算术平均值作为试验结果。如果两次测值之差超过 0.02 g/cm^3，试验必须重做。

三、砂的堆积密度试验

堆积密度是指散粒材料在堆积状态下，单位体积(包括颗粒中所含孔隙及颗粒间的空隙在内)的质量。

(一)试验目的

测定砂在松散状态或振实状态下的堆积密度，可供混凝土配合比设计用，也可以用来估计运输工具数量或堆场面积等。根据砂的堆积密度和表观密度还可以计算其空隙率。

(二)依据的规范标准

本试验依据《建设用砂》(GB/T 14684—2011)进行测定。

(三)主要仪器设备

(1)标准漏斗，见图 3-2。

(2)容量筒。

(3)垫棒、天平、直尺、搪瓷盘、毛刷等。

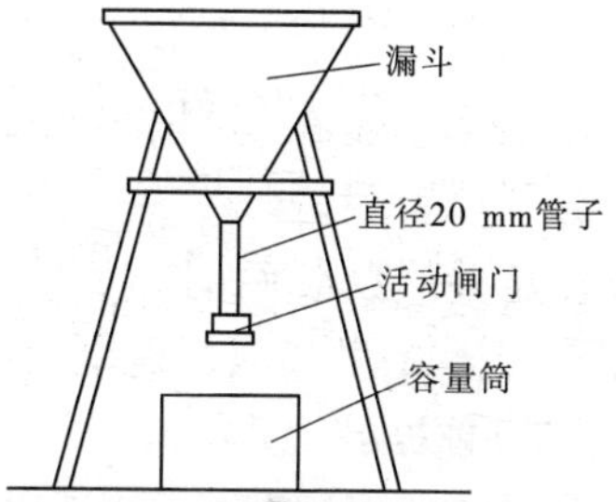

图 3-2　标准漏斗及容量筒

(四)试验方法步骤

(1)用搪瓷盘取试样约 3 L，放在烘箱中于(105 ± 5)℃下烘干至恒重，待冷却至室温后，筛除大于 4.75 mm 的颗粒，分为大致相等的两份备用。

(2)松散堆积密度：将试样装入标准漏斗中，将容量筒放在标准漏斗下，打开漏斗活动闸门，使砂从离容量筒口 50 mm 的高处自由落下，直至砂装满容量筒并且超过筒口。然后，用直尺沿筒口中心线向两边刮平(不得振动)，称出砂及容量筒的总质量。

(3)紧密堆积密度：将试样分两次装入容量筒。装完第一层后，在筒底垫放一根直径为 10 mm 的圆钢垫棒，将筒按住，左右交替颠击地面各 25 次。然后装入第二层，第二层装满后用同样的方法颠实(但筒底所垫圆钢垫棒的方向与第一层的方向垂直)，再加试样直至超过筒口，然后用直尺沿筒口中心线向两边刮平，称出试样和容量筒的总质量。

(五)试验结果确定

(1)按式(3-4)计算松散或紧密堆积密度 ρ_0'，精确至 10 kg/m^3

$$\rho_0' = \frac{m_2 - m_1}{V_0'} \times 1\ 000 \tag{3-4}$$

式中　m_1——容量筒的质量，kg；

m_2——试样和容量筒的总质量，kg；

V_0'——容量筒的容积，L。

(2)按式(3-5)计算空隙率 P_0(%)，计算精确至1%

$$P_0 = \left(1 - \frac{\rho_0'}{\rho_{0干} \times 1\,000}\right) \times 100\% \tag{3-5}$$

式中　ρ_0'——试样的堆积密度，kg/m³；

$\rho_{0干}$——试样的干表观密度，g/cm³。

(3)堆积密度取两次试验测值的算术平均值作为试验结果，精确至10 kg/m³。空隙率取两次试验结果的算术平均值，精确至1%。

容量筒容积的校正方法：将温度为(20±2)℃的饮用水装满容量筒，用一块玻璃板沿筒口滑移，使其紧贴水面。擦干筒外壁水分，称其质量，用式(3-6)计算容量筒的容积

$$V_0' = \frac{m_2' - m_1}{1\,000} \tag{3-6}$$

式中　V_0'——容量筒的容积，L；

m_1——容量筒的质量，g，精确至1 g；

m_2'——水和容量筒的总质量，g，精确至1 g。

四、砂的吸水率试验

砂的吸水率是指试样在饱和面干状态时所含的水分，以质量百分率来表示。

(一)试验目的

测定砂的吸水率，评定其吸水性。同时对室内以骨料饱和面干状态为基准设计的混凝土配合比，在施工现场配料时，吸水率可作为用水量及用砂量校正的依据。

(二)依据的规范标准

本试验依据《建设用砂》(GB/T 14684—2011)进行测定。

(三)主要仪器设备

(1)天平：称量1 kg，感量1 g。

(2)容量瓶：500 mL。

(3)饱和面干试模及质量约340 g的捣棒。

(4)吹风机、烘箱、干燥器、温度计、搪瓷盘、滴管及毛刷等。

(四)试验方法步骤

1. 试样制备

与砂的表观密度试验制备方法相同。

2. 试验步骤

(1)取饱和面干试样500 g，记为 m_1。

(2)将试样放在(105±5)℃烘箱中烘干至恒重，内冷却至室温，称出其质量 m_2。

(五)试验结果确定

(1)按式(3-7)计算吸水率，精确至0.01%

$$W_{吸} = \frac{m_1 - m_2}{m_2} \times 100\% \tag{3-7}$$

式中　m_1——饱和面干状态试样的质量,g;

m_2——烘干后试样的质量,g。

(2)以两次测值的算术平均值作为试验结果。若两次测值之差超过平均值的3%,则该组试验结果无效,试验须重做。

五、粗骨料的颗粒级配试验

(一)试验目的

粗骨料的颗粒级配原理及试验目的与砂的颗粒级配基本相同。

(二)依据的规范标准

本试验依据《建设用卵石、碎石》(GB/T 14685—2011)进行测定。

(三)主要仪器设备

(1)方孔筛:孔径为4.75 mm、9.50 mm、16.0 mm、19.0 mm、26.5 mm、31.5 mm、37.5 mm、53.0 mm、63.0 mm、75.0 mm及90 mm的筛各一个,并附有筛底和筛盖。

(2)鼓风烘箱:能使温度控制在(105±5)℃。

(3)台秤:称量10 kg,感量5 g。

(4)磅秤:称量50 kg,感量50 g(或称量200 kg,感量200 g)。

(5)摇筛机:电动振筛机,振幅(0.5±0.1)mm,频率(50±3)Hz。

(四)试验方法步骤

(1)按规定取样,并将试样缩分至略大于表3-2规定的数量,烘干或风干后备用。

表3-2　粗骨料颗粒级配试验所需试样数量

粗骨料最大粒径(mm)	9.5	16.0	19.0	26.0	31.5	37.5	63.0	75.0
最少试样质量(kg)	1.9	3.2	3.8	5.0	6.3	7.5	12.6	16.0

(2)用四分法选取按表3-2规定数量的烘干(或风干)试样一份。将试样倒入按孔径大小从上到下组合的套筛上,然后进行筛分。

(3)将套筛放于摇筛机上,摇筛10 min;取下套筛,按筛孔大小顺序再逐个用手摇筛,筛至每分钟通过量小于总量的0.1%为止。通过的颗粒并入下一号筛中,并和下一号筛中的试样一起过筛,这样顺序进行,直至各号筛全部筛完。

(五)试验结果确定

(1)计算分计筛余百分率a_i:各号筛上的筛余量与试样总量之比,精确至0.1%。

(2)计算各号筛上的累计筛余百分率A_i:该号筛及以上各筛的分计筛余百分率之和,精确至0.1%。筛分后,若每号筛的筛余量与筛底的筛余量之和与原试件质量之差超过1%,则试验必须重做。

(3)取两次试验测值的算术平均值作为试验结果。

(4)根据各筛的累计筛余百分率,评定该试样的颗粒级配。

六、粗骨料的表观密度试验

粗骨料的表观密度(也称为视密度)是颗粒(包括内部封闭孔隙在内)单位体积的

质量。

(一)试验目的

粗骨料的表观密度可以反映骨料的坚实、耐久程度,是一项评价骨料质量的技术指标。同时,它还可提供混凝土配合比设计之用。

(二)依据的规范标准

本试验依据《建设用卵石、碎石》(GB/T 14685—2011)进行测定。

(三)主要仪器设备

(1)液体静力天平:见图 1-2,称量 5 kg,感量 1 g。

(2)吊篮:由孔径小于 5 mm 的筛网制成,其直径和高度均为 200 mm(亦可用直径 2 ~ 3 mm 的金属线编制而成)。

(3)盛水容器:有溢流孔。

(4)方孔筛:孔径为 4.75 mm 的筛一只。

(5)烘箱、搪瓷盘、毛刷及刷子、鼓风烘箱等。

(四)试验方法步骤

1. 试样制备

(1)将试样缩分至略大于表 3-3 规定的质量,风干后筛除小于 4.75 mm 的颗粒,洗刷干净后,分为大致相等的两份备用。

表 3-3　粗骨料表观密度试验所需试样数量

粗骨料最大粒径(mm)	<26.0	31.5	37.5	63.0	75.0
最少试样质量(kg)	2.0	3.0	4.0	6.0	6.0

(2)取试样一份置于吊篮中,并浸入盛水的容器内,液面应高出试样表面 50 mm,浸泡 24 h 后,移放到称量用的盛水容器中,并用上下升降吊篮的方法排除气泡(试样不得露出水面),吊篮每升降一次约 1 s,升降高度为 30 ~ 50 mm。

2. 试验方法步骤

(1)测定水温后(此时吊篮应全部浸在水中),称出吊篮及试样在水中的质量 m_1,精确至 5 g。称量时盛水容器中水面的高度由容器的溢流孔控制。

(2)提起吊篮,将饱和面干试样倒入搪瓷盘,放在烘箱中在(105 ± 5)℃温度下烘干至恒重,待冷却至常温后,称出烘干试样的质量 m_0,精确至 5 g。

(3)称出空吊篮在同温度水中的质量 m_2,精确至 5 g。称量时盛水容器的水面高度仍由溢流孔控制。

(五)试验结果确定

(1)按式(3-8)计算表观密度

$$\rho_0 = \left(\frac{m_0}{m_0 + m_2 - m_1} - \alpha_t\right)\rho_{水} \tag{3-8}$$

式中　ρ_0——表观密度, g/cm^3,精确至 0.01 g/cm^3;

m_0——烘干试样的质量,g;

m_1——吊篮及试样在水中的质量,g;

m_2——吊篮在水中的质量,g;

$\rho_水$——水的密度,一般按 1 g/cm^3 计算;

α_t——水温对表观密度影响的修正系数,见表 3-1。

(2)以两次测值的算术平均值作为试验结果。如果两次试验结果之差超过 0.02 g/cm^3,试验必须重做。对颗粒材质不均匀的试样,如果两次试验结果之差超过 0.02 g/cm^3,可取四次测值的算术平均值作为试验结果。

七、粗骨料的堆积密度试验

(一)试验目的

测定粗骨料在松散或振实状态下的堆积密度,可供混凝土配合比设计用,也可以用来估计运输工具数量或堆场面积等。根据骨料的堆积密度和表观密度还可以计算其空隙率。

(二)依据的规范标准

本试验依据《建设用卵石、碎石》(GB/T 14685—2011)进行测定。

(三)主要仪器设备

(1)台秤:称量 10 kg,感量 5 g。

(2)磅秤:称量 50 kg 或 100 kg,感量 50 g。

(3)垫棒:直径 16 mm、长 600 mm 的圆钢。

(4)容量筒:规格要求见表 3-4。

表 3-4　容量筒的规格要求

最大直径(mm)	容量筒容积(L)	容量筒规格		
		内径(mm)	净高(mm)	壁厚(mm)
9.5,16.0,19.0,26.5	10	208	294	2
31.5,37.5	20	294	294	3
53.0,63.0,75.0	30	360	294	4

(四)试验方法步骤

(1)按规定取样:当骨料最大粒径为 9.5～26.5 mm、31.5～37.5 mm、63～75 mm 时,分别取不少于 40 kg、80 kg、120 kg 试样,烘干或风干后,拌匀并把试样分为大致相等的两份备用。

(2)松散堆积密度:取试样一份,用小铲将试样从容量筒口中心上方 50 mm 处徐徐倒入,让试样以自由落体落下,当容量筒上部试样呈锥体,且容量筒四周溢满时,即停止加料。除去凸出容量筒口表面的颗粒,并以合适的颗粒填入凹陷部分,使得表面稍凸起部分和凹陷部分的体积大致相等(试验过程应防止触动容量筒),称出试样和容量筒的总质量。

(3)紧密堆积密度:取试样一份分为三次装入容量筒。装完第一层后,在筒底垫放一根直径为 16 mm 的圆钢垫棒,将筒按住,左右交替颠击地面各 25 次;再装入第二层,第二层装满后用同样的方法颠实(但筒底所垫圆钢垫棒的方向与第一层的方向垂直);然后装入第三层,如法颠实。试样装填完毕,再加试样直至超过筒口,用钢尺沿筒口边缘刮去高出的试样,并用合适的颗粒填平凹处,使表面稍凸起部分与凹陷部分的体积大致相等。称取试样和容量筒的总质量。

(五)试验结果确定

(1)按式(3-9)计算松散堆积密度或紧密堆积密度 ρ_0',计算精确至 10 kg/m^3

$$\rho_0' = \frac{m_2 - m_1}{V_0'} \times 1\,000 \tag{3-9}$$

式中 m_1——容量筒的质量,kg;

m_2——试样和容量筒的总质量,kg;

V_0'——容量筒的容积,L。

(2)按式(3-10)计算空隙率 P_0(%),计算精确至 1%

$$P_0 = \left(1 - \frac{\rho_0'}{\rho_0 \times 1\,000}\right) \times 100\% \tag{3-10}$$

式中 ρ_0'——试样的堆积密度,kg/m^3;

ρ_0——试样的干表观密度,g/cm^3。

(3)堆积密度取两次试验测值的算术平均值作为试验结果,精确至 10 kg/m^3。空隙率取两次试验结果的算术平均值,精确至 1%。

八、粗骨料的吸水率试验

粗骨料的吸水率是指试样在饱和面干状态时所含的水分,以质量百分率来表示。

(一)试验目的

测定粗骨料的吸水率,评定其吸水性。同时对室内以骨料饱和面干状态为基准设计的混凝土配合比,在施工现场配料时,吸水率可作为用水量及粗骨料用量校正的依据。此外,吸水率的大小还会对粗骨料的强度等性质产生影响。

(二)依据的规范标准

本试验依据《建设用卵石、碎石》(GB/T 14685—2011)进行测定。

(三)主要仪器设备

(1)天平:称量 1 kg,感量 1 g。

(2)烘箱、搪瓷盘、干燥器等。

(四)试验方法步骤

可以与粗骨料表观密度试验同时进行。

(1)从水中取出试样,用拧干的湿毛巾擦去试样表面的水分,称出饱和面干试样在空气中的质量 m。

(2)将饱和面干试样倒入搪瓷盘,放在烘箱中在(105±5)℃温度下烘干至恒重,待冷却至常温后,称出烘干试样的质量 m_0。

(五)试验结果确定

(1)按式(3-11)计算粗骨料的吸水率,计算至0.1%

$$W_{吸}=\frac{m-m_0}{m_0}\times 100\% \tag{3-11}$$

式中　m_0——烘干试样的质量,g;

m——饱和面干试样在空气中的质量,g。

(2)以两次测值的算术平均值作为试验结果,精确至0.1%。

九、试验记录与结果处理

试验记录与结果处理按表3-5~表3-12进行。

表3-5　砂的颗粒级配试验试验记录与结果处理

试验日期			温度(℃)				相对湿度(%)				
筛子孔径(mm)	筛余量(g)		分计筛余(%)		累计筛余(%)			细度模数		
	1组	2组	1组	2组	1组	2组	平均	1组	2组	平均
4.75										
2.36										
1.18										
0.6										
0.3										
0.15										
<0.15										
所处级配区					粗细程度					

表3-6　砂的表观密度试验试验记录与结果处理

试验日期		温度(℃)			相对湿度(%)		
序号	干试样质量 m_1(g)	瓶+干试样+水质量 m_2(g)	瓶+水质量 m_3(g)	$\rho_{水}$ (1 g/cm³)	α_t	干表观密度 $\rho_{0干}$ (g/cm³)	$\rho_{0干}$ (g/cm³) 试验结果
1							
2							

表 3-7　砂的堆积密度试验试验记录与结果处理

试验日期			温度(℃)			相对湿度(%)	
序号	容量筒的质量 m_1(kg)	水和容量筒的质量 m_2'(kg)	容量筒的容积 V_0'(L)	试样和容量筒的质量 m_2(kg)	堆积密度 ρ_0' (kg/m³)	ρ_0' (kg/m³) 试验结果	空隙率 P_0 (%)	P_0(%) 试验结果
1								
2								

表 3-8　砂的吸水率试验试验记录与结果处理

温度(℃)		相对湿度(%)		
序号	饱和面干试样质量 m_1(g)	烘干后试样质量 m_2(g)	吸水率 $W_{吸}$(%)	$W_{吸}$(%)试验结果
1				
2				

表 3-9　粗骨料的颗粒级配试验试验记录与结果处理

试验日期		温度(℃)		相对湿度(%)		
筛子孔径(mm)	筛余量(g)		分计筛余(%)		累计筛余(%)		
	1组	2组	1组	2组	1组	2组	平均
90							
75							
63							
53							
37.5							
31.5							
26.5							
19							
16							
9.5							
4.75							
<4.75							
颗粒级配评价							

表 3-10　粗骨料的表观密度试验试验记录与结果处理

试验日期		温度(℃)		相对湿度(%)			
序号	烘干试样质量 m_0(g)	吊篮+试样在水中的质量 m_1(g)	吊篮在水中的质量 m_2(g)	$\rho_{水}$ (1 g/cm³)	α_t	表观密度 ρ_0(g/cm³)	ρ_0(g/cm³)试验结果
1							
2							

表 3-11　粗骨料的堆积密度试验试验记录与结果处理

试验日期			温度(℃)		相对湿度(%)		
序号	容量筒的质量 m_1(kg)	容量筒+粗骨料的质量 m_2(kg)	容量筒的容积 V_0'(L)	堆积密度 ρ_0'(kg/m³)	ρ_0'(kg/m³)试验结果	空隙率 P_0(%)	P_0(%)试验结果
1							
2							

表 3-12　粗骨料的吸水率试验试验记录与结果处理

温度(℃)		相对湿度(%)		
序号	饱和面干试样质量 m(g)	烘干后试样质量 m_0(g)	吸水率 $W_{吸}$(%)	$W_{吸}$(%)试验结果
1				
2				

十、试验结果分析及讨论

试验四　普通混凝土综合性试验

一、普通混凝土的配合比设计计算

(一)试验目的

依据给定的相关基础资料,根据现行相关规范的规定,在确定配合比设计三大基本参数——W/C、m_W、β_S 的基础上,初步计算求出 1 m^3 混凝土中各种原材料的用量。

(二)依据的规范标准

本设计计算依据《普通混凝土配合比设计规程》(JGJ 55—2011)进行。

(三)基础资料及设计要求

基本资料:某露天工程需浇筑 C20 钢筋混凝土,无冻害要求,施工要求坍落度 30 ~ 50 mm。原材料水泥为 42.5 级普通水泥,密度 3.1 g/cm^3;砂的含水率应小于 0.5%,其细度模数、视密度、松散堆积密度等参数参照试验三的试验结果取用;石子为最大粒径 40 mm 的碎石,表观密度 2 800 kg/m^3,松散堆积密度 1 550 kg/m^3,含水率应小于 0.2%。(注:具体试验中,指导老师可视情况重新给定本试验的基础资料,但应提前一周进行相关布置安排,以便学生在本试验开始前完成初步配合比的计算工作)

设计要求:利用所给基本资料,计算混凝土初步配合比。

(四)设计计算方法步骤

对强度等级小于 C60 的普通混凝土,可按以下步骤进行初步配合比的计算。

1. 确定配制强度 $f_{cu,0}$

若混凝土设计强度等级为 $f_{cu,k}$,则在通常情况下,其配制强度 $f_{cu,0}$ 取为

$$f_{cu,0} = f_{cu,k} + 1.645\sigma \tag{4-1}$$

当无实测统计资料时,标准差 σ 可按经验选取:普通混凝土工程可依据《普通混凝土配合比设计规程》(JGJ 55—2011)按表 4-1 取值;水工混凝土工程则可依据《水工混凝土试验规程》(SL 352—2006)或《水工混凝土配合比设计规程》(DL/T 5330—2005)进行取值。

表 4-1　普通混凝土强度标准差 σ 选用值

混凝土强度等级	≤C20	C25 ~ C45	C50 ~ C55
σ(MPa)	4.0	5.0	6.0

2. 确定水灰比(W/C)

(1)根据以上计算所得的配制强度 $f_{cu,0}$,依据经验公式(4-2)计算满足设计强度等级

要求的水灰比

$$W/C = \frac{\alpha_a f_{ce}}{f_{cu,0} + \alpha_a \alpha_b f_{ce}} \tag{4-2}$$

式中　W/C——水灰比，即混凝土中水与水泥的质量比；

α_a、α_b——回归系数，当不具备试验统计资料时，可按经验取用：粗骨料为碎石时，$\alpha_a = 0.53$、$\alpha_b = 0.20$，粗骨料为卵石时，$\alpha_a = 0.49$、$\alpha_b = 0.13$；

f_{ce}——水泥 28 d 胶砂抗压强度，MPa，当无实测值时，可按式(4-3)确定

$$f_{ce} = \gamma_c f_{ce,g} \tag{4-3}$$

式中　$f_{ce,g}$——水泥强度等级值，MPa；

γ_c——水泥强度等级值的富余系数，可按实测统计资料确定，当无实测统计资料时，可按经验取用：水泥为 32.5 级时，取 $\gamma_c = 1.12$，水泥为 42.5 级时，取 $\gamma_c = 1.16$，水泥为 52.5 级时，取 $\gamma_c = 1.10$。

(2)对有抗渗、抗冻等耐久性要求的混凝土，其最大水灰比应不超过表 4-2、表 4-3 的要求。

表 4-2　抗渗混凝土最大水灰比

设计抗渗等级	最大水灰比	
	C20 ~ C30	C30 以上
W6	0.60	0.55
W8 ~ W12	0.55	0.50
W12 以上	0.50	0.45

表 4-3　抗冻混凝土最大水灰比和最小水泥用量

设计抗冻等级	最大水灰比		最小水泥用量 (kg/m^3)
	无引气剂时	掺引气剂时	
F50	0.55	0.60	300
F100	0.50	0.55	320
不低于 F150	—	0.50	350

(3)根据上述强度、耐久性的要求，综合确定水灰比的取用值。

3. 确定单位用水量(m_W)

混凝土的单位用水量应根据施工要求的混凝土流动性及所用骨料的种类、规格确定。具体设计时，塑性混凝土的单位用水量可按表 4-4 确定。

表 4-4　塑性混凝土的单位用水量　（单位：kg/m^3）

拌和物稠度		卵石最大公称粒径(mm)				碎石最大公称粒径(mm)			
项目	指标(mm)	10	20	31.5	40	16	20	31.5	40
坍落度	10～30	190	170	160	150	200	185	175	165
	35～50	200	180	170	160	210	195	185	175
	55～70	210	190	180	170	220	205	195	185
	75～90	215	195	185	175	230	215	205	195

注：1. 本表用水量为水灰比在 0.40～0.80 时的取值，当水灰比小于 0.40 时，用水量可通过试验确定。

2. 本表用水量为采用中砂时的平均取值。当采用细砂时，用水量可增加 5～10 kg/m^3；当采用粗砂时，用水量可减少 5～10 kg/m^3。

3. 掺用外加剂和掺合料时，用水量应相应调整。

4. 计算水泥用量(m_C)

根据已确定的每 1 m^3 混凝土的用水量(m_W)和水灰比(W/C)，即可求出水泥用量(m_C)

$$m_C = \frac{m_W}{W/C} \tag{4-4}$$

根据混凝土的耐久性要求，混凝土中的水泥用量还应满足表 4-3、表 4-5 中最小水泥用量的规定。若计算的水泥用量低于表 4-3、表 4-5 中规定的最小水泥用量值，则应取规定的最小水泥用量作为计算结果。

表 4-5　混凝土的最小水泥用量

最大水灰比	最小水泥用量(kg/m^3)		
	素混凝土	钢筋混凝土	预应力混凝土
0.60	250	280	300
0.55	280	300	300
0.50	320		
≤0.45	330		

5. 确定砂率(β_S)

混凝土的砂率应根据骨料的技术性质、混凝土拌和物的性能和施工要求，参考已有历史经验资料确定。当无历史经验资料时，混凝土砂率的确定应符合以下要求：

(1)对于坍落度为 10～60 mm 的混凝土，可根据粗骨料的种类、最大公称粒径及混凝土水灰比，参考表 4-6 选用砂率。

(2)对于坍落度大于 60 mm 的混凝土，其砂率可经试验确定，也可在表 4-6 的基础上，按坍落度每增大 20 mm，砂率增大 1% 的幅度予以调整。

表 4-6　混凝土的砂率　（%）

水灰比（W/C）	卵石最大公称粒径（mm）			碎石最大公称粒径（mm）		
	10	20	40	16	20	40
0.40	26 ~ 32	25 ~ 31	24 ~ 30	30 ~ 35	29 ~ 34	27 ~ 32
0.50	30 ~ 35	29 ~ 34	28 ~ 33	33 ~ 38	32 ~ 37	30 ~ 35
0.60	33 ~ 38	32 ~ 37	31 ~ 36	36 ~ 41	35 ~ 40	33 ~ 38
0.70	36 ~ 41	35 ~ 40	34 ~ 39	39 ~ 44	38 ~ 43	36 ~ 41

注：1. 本表数值为中砂的选用砂率，对于细砂或粗砂，可相应地减小或增大砂率。

2. 只用一个单粒级粗骨料配制混凝土时，砂率应适当增大。

3. 当采用人工砂配制混凝土时，砂率可适当增大。

6. 计算砂、石用量（m_S、m_G）

砂、石的用量可用质量法或体积法计算确定。

1）质量法（也称假定表观密度法）

通过假定 1 m^3 混凝土拌和物的质量 m_{cp}（即表观密度），按式（4-5）计算砂、石的用量

$$\left.\begin{aligned} m_W + m_C + m_S + m_G &= m_{cp} \\ \beta_S &= \frac{m_S}{m_S + m_G} \times 100\% \end{aligned}\right\} \tag{4-5}$$

式中　m_W、m_C、m_S、m_G——1 m^3 混凝土中水、水泥、砂、石的用量，kg；

m_{cp}——1 m^3 混凝土拌和物的假定质量，其值可取 2 350 ~ 2 450 kg；

β_S——砂率（%）。

2）体积法（也称绝对体积法）

假定 1 m^3 混凝土拌和物中各组成材料的绝对体积和所含空气的体积之和，恰好等于 1 m^3。因此，可按式（4-6）计算砂、石的用量

$$\left.\begin{aligned} \frac{m_W}{\rho_W} + \frac{m_C}{\rho_C} + \frac{m_S}{\rho_{S0}} + \frac{m_G}{\rho_{G0}} + 0.01\alpha &= 1 \\ \beta_S &= \frac{m_S}{m_S + m_G} \times 100\% \end{aligned}\right\} \tag{4-6}$$

式中　ρ_W——水的密度，可取 1 000 kg/m^3；

ρ_C——水泥的密度，可实测确定，也可取 2 900 ~ 3 100 kg/m^3；

ρ_{S0}、ρ_{G0}——砂、石的表观密度，通过实测确定，kg/m^3；

α——混凝土含气量百分数，在不使用引气剂或引气型外加剂时，α 可取为 1。

通过以上步骤可求出 1 m^3 混凝土中水、水泥、砂和石子的用量，即混凝土初步配合比。

(五)设计计算过程及成果

初步配合比设计计算过程：

二、混凝土拌和物和易性试验(坍落度法)

本试验采用坍落度法,此法适用于粗骨料最大粒径不大于 40 mm、坍落度值不小于 10 mm 的混凝土拌和物的稠度测定。

(一)试验目的

通过测定混凝土拌和物的坍落度,观察其保水性、黏聚性,综合判断混凝土拌和物的和易性,作为调整配合比和控制混凝土质量的依据。

(二)依据的规范标准

本试验依据《普通混凝土拌合物性能试验方法标准》(GB/T 50080—2002)进行。

(三)主要仪器设备

(1)混凝土搅拌机、拌和钢板、拌和铲。

(2)磅秤:称量 50 ~ 100 kg,感量 50 g。

(3)台秤:称量 10 kg,感量 5 g。

(4)天平:感量 0.1 g。

(5)量筒:容量 1 000 mL,分度值 10 mL。

(6)石子筛:4.75 mm、19 mm 及 37.5 mm 孔径筛一套。

(7)坍落度筒:上口直径 100 mm、下口直径 200 mm、高 300 mm 的圆台形铁皮筒,内壁光滑,如图 4-1 所示。

(8)捣棒:直径 16 mm、长 650 mm 的钢棒,端部磨圆,如图 4-1 所示。

(9)钢尺:300 mm,2 把。

(10)小铁铲及镘刀。

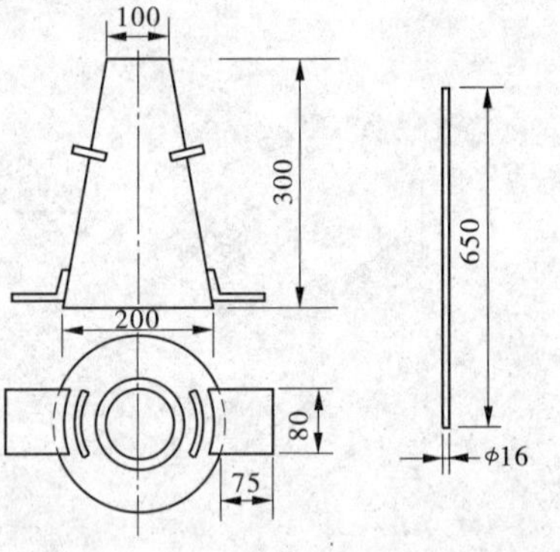

图 4-1　坍落度筒及捣棒　(单位: mm)

(四)试验方法步骤

1. 试样制备

根据初步配合比的计算结果,按 20 ~ 25 L 的搅拌量进行配料(粗骨料最大公称粒径 $D_M \leqslant 31.5$ mm 时,最小搅拌量为 20 L;$D_M = 40$ mm 时,最小搅拌量为 25 L)。

1)人工拌和法

(1)人工拌和在钢板上进行,将拌和钢板和拌和铲用湿布润湿后(但表面应无明水),先将砂倒在拌和钢板上,然后加入水泥,用拌和铲自拌和钢板一端翻拌至另一端,如此重复,直至充分拌匀(颜色应均匀);再加入石子,继续翻拌至混合均匀。

(2)将混合均匀的干拌和物在拌和钢板上集拢成堆,并在中间做一凹槽;将已称量好的水倒一半左右在凹槽中(勿使水外流),然后仔细翻拌,并徐徐加入剩余的水,继续翻拌(每翻拌一次,用拌和铲在拌和物堆上铲切一遍),直到拌和均匀。拌和应力求在从加水时起 4 ~ 5 min 内完成。

2)机械搅拌法

(1)正式搅拌前,先用同一配合比的少量水泥砂浆搅拌一次(目的是防止混凝土正式搅拌时搅拌机内壁黏附水泥砂浆而影响配合比),然后倒出水泥砂浆。

(2)按石子、砂、水泥、水的投料顺序搅拌约 3 min,即倒石子,加砂和水泥在搅拌机内干拌约 1 min,再徐徐倒入水搅拌约 2 min 即可。

(3)将拌和物自搅拌机卸出,倾倒在拌和钢板上,再经人工拌和 1 ~2 min 达到均匀。

2. 和易性测试

(1)用湿布擦拭湿润坍落度筒的内壁及拌和钢板的表面(但无明水),并将坍落度筒放在测量用的拌和钢板上,用脚踩住两边踏脚板,使坍落度筒在装料时保持位置固定,不得移动。

(2)用小铁铲将拌和好的混凝土拌和物分 3 层装入坍落度筒内,使捣实后每层高度为筒高的 1/3 左右。

(3)每装一层,用捣棒插捣 25 次,插捣应从筒边缘至中心按螺旋形,使插捣点在筒截面上均匀分布。插捣筒边混凝土时,捣棒可以稍稍倾斜。插捣底层时,捣棒应贯穿整个深度,插捣第二层和顶层时,捣棒应插透本层至下一层的表面;装顶层混凝土时,混凝土应灌到高出筒口,插捣过程中,若混凝土沉落到低于筒口,则应随时添加。顶层插捣完后,刮去多余的混凝土,并用镘刀抹平。

(4)清除坍落度筒边拌和钢板上的混凝土后,垂直平稳地提起坍落度筒。坍落度筒的提离过程应在 5 ~10 s 内完成;从开始往坍落度筒中装第一层混凝土时起,到提坍落度筒的整个过程应不间断地进行,并应在 150 s 内完成。

(五)试验结果确定

(1)坍落度的测定:提起坍落度筒后,测量筒高与坍落后混凝土试体最高点之间的高度差,即为该混凝土拌和物的坍落度值。坍落度筒提离后,如果混凝土发生崩坍或一边剪坏现象,则应重新取样另行测定;如果第二次试验仍出现上述现象,则表示该混凝土和易性不好,应予记录备查。(注:坍落度至少要测定两次,以 mm 为单位,测量精确至 1 mm,并以两次测定值之差不大于 20 mm 的测定值为数据,求算术平均值作为本次试验的测量结果,结果表达修约至 5 mm)

(2)黏聚性的评价:用捣棒在已坍落的混凝土锥体侧面轻轻敲打,此时如果锥体逐渐均匀下沉,则表明黏聚性良好;如果锥体突然倒坍、部分崩裂或发生石子离析,则表明黏聚性不好。

(3)保水性:以混凝土拌和物稀浆析出的程度来评价。坍落度筒提起后,若有较多稀浆从底部析出,锥体部分的混凝土也因失浆而骨料外露,则表明该混凝土拌和物的保水性不好;若坍落度筒提起后无稀浆或仅有少量稀浆从底部析出,锥体混凝土含浆饱满,则表明保水性良好。

(4)和易性的调整及基准配合比的确定

①若黏聚性和保水性不良,可在保持水灰比不变的情况下,调整砂率。即砂浆量显得不足时,可适当增大砂率;反之,应适当减小砂率。

②当坍落度低于设计要求时,可在保持水灰比不变的情况下,适当增加水泥浆用量(一般坍落度每增减 10 mm,需增加水泥浆用量 1% ~2%);反之,则保持砂率基本不变,适当增加砂、石用量。

③基准配合比的确定：经试拌调整后，当混凝土拌和物的黏聚性和保水性均良好，且坍落度满足施工设计指标要求时，则每 1 m^3 混凝土中原材料的用量（m'_W、m'_C、m'_S、m'_G）即为基准配合比。

三、混凝土表观密度试验

（一）试验目的

混凝土拌和物的表观密度是 1 m^3 新拌混凝土捣实后的质量。测定它可为混凝土配合比设计中的材料用量调整提供依据。

（二）依据的规范标准

本试验依据《普通混凝土拌合物性能试验方法标准》（GB/T 50080—2002）进行。

（三）主要仪器设备

（1）容量筒：金属制成的圆筒，上缘和内壁应光滑平整，顶面与底面平行并应与圆柱体的轴垂直。对粗骨料最大粒径不大于 40 mm 的拌和物，采用容积为 5 L 的容量筒，其内径与内高均为（186 ±2）mm；当粗骨料最大粒径大于 40 mm 时，容量筒的内径和内高应大于粗骨料最大粒径的 4 倍。在使用前应对容量筒的容积 V_0（L）进行标定。

（2）磅秤：称量 50 kg，感量 50 g。

（3）振动台。

（4）捣棒、镘刀等。

（四）试验方法步骤

（1）用湿布把容量筒的内外擦干净，并称出空筒质量 m_1（kg），精确至 50 g。

（2）混凝土的装料和捣实方法应根据拌和物的稠度而定。坍落度不大于 70 mm 的混凝土，宜采用振动台振实；坍落度大于 70 mm 的混凝土，宜采用捣棒人工捣实。

（3）采用振动台振实时，应一次将混凝土拌和物装到高出容量筒口。装料时可用捣棒稍加插捣，振动过程中若混凝土面低于筒口，则应随时添加混凝土，振动至表面出浆。

（4）采用捣棒人工捣实时，应分层装料和插捣，其分层与插捣次数应根据容量筒的大小来决定：用 5 L 的容量筒时，混凝土拌和物应分两层装入，每层的插捣次数为 25 次；用大于 5 L 的容量筒时，每层混凝土的高度不应大于 100 mm，每层插捣次数应按每 100 cm^2 截面不少于 12 次计算。各次插捣应由边缘向中心均匀地插捣，插捣底层时捣棒应贯穿整个深度，插捣第二层时，捣棒应插透本层至下一层的表面。每一层插捣完后用橡皮锤轻轻沿容量筒外壁敲打 5 ~10 次进行振实，直至拌和物表面插捣孔消失并不见大气泡。

（5）用镘刀将筒口多余的混凝土拌和物刮去，表面若有凹陷，应填平。将容量筒外壁擦拭干净，称出混凝土与容量筒的总质量 m_2（kg），精确至 50 g。

（五）试验结果确定

混凝土拌和物的表观密度 $\rho_{c,t}$ 依据式（4-7）进行计算

$$\rho_{c,t} = \frac{m_2 - m_1}{V_0} \times 1\,000 \tag{4-7}$$

式中　$\rho_{c,t}$——混凝土拌和物的表观密度，kg/m^3，计算结果精确至 10 kg/m^3；

m_1——容量筒的质量，kg；

m_2——试样和容量筒的总质量,kg;

V_0——容量筒的容积,L。

四、混凝土立方体抗压强度试验

(一)试验目的

测定混凝土立方体抗压强度,作为评定混凝土强度等级、确定配合比、控制施工质量的依据。

(二)依据的规范标准

本试验依据《普通混凝土配合比设计规程》(JGJ 55—2011)、《普通混凝土力学性能试验方法标准》(GB/T 50081—2002)进行。

(三)主要仪器设备

(1)压力试验机:精度为±1%,试件的预计破坏荷载宜在试验机全量程的20%~80%。

(2)混凝土搅拌机。

(3)振动台:应符合《混凝土试验用振动台》(JG/T 3020—1994)中技术要求的规定。

(4)养护室:控制温度(20±2)℃,相对湿度95%以上。

(5)试模:标准规格为150 mm×150 mm×150 mm立方体,一组试件3个试模。

(6)捣棒、镘刀。

(四)试验方法步骤

1. 试件制作

(1)在基准配合比的基础上,要通过混凝土强度试验来确定混凝土的试验室配合比,此时应采用三个不同的配合比制作成型三组试样,其中一组采用基准配合比;另外两组所采用的配合比为:水灰比较基准配合比分别增加0.05和减小0.05,用水量与基准配合比相同,砂率值可分别增大和减小1%。

(2)一般地,混凝土强度试验以3个试件作为一组。

(3)制作试件前,应检查试模符合规定要求,并在试模内表面涂刷一薄层矿物油或其他不与混凝土发生反应的脱模剂。

(4)混凝土制作成型方法应根据混凝土拌和物的稠度来确定。①坍落度不大于70 mm的混凝土,宜采用振实台振捣。此时将混凝土拌和物一次装满试模,装料时应用镘刀沿试模内壁插捣,并使混凝土拌和物高出试模口;然后将试模附着或固定在振动台上,振动时试模不得有任何跳动,振动应持续到表面出浆为止,不得过振。②坍落度大于70 mm的混凝土,宜采用捣棒人工捣实。此时混凝土拌和物应分两层装入模内,每层的装料厚度大致相等;用捣棒按螺旋方向从边缘向中心均匀进行插捣,在插捣底层混凝土时,捣棒应达到试模底部,插捣上层时,捣棒应贯穿上层后插入下层20~30 mm(插捣时捣棒应保持垂直,不得倾斜,每层插捣次数按每100 cm^2不少于12次控制)。然后用镘刀沿试模内壁插拔数次。插捣后应用橡皮锤轻轻敲击试模四周,直至插捣棒留下的空洞消失。

(5)刮除试模上口多余的混凝土,待混凝土临近初凝时,用镘刀抹平。

2. 试件养护

(1)试件成型后应立即用不透水的薄膜覆盖表面。

(2)采用标准养护的试件,应在温度为(20 ±5)℃的环境中静置一昼夜至二昼夜,然后拆模、编号。拆模后应立即放入温度为(20 ±2)℃、相对湿度为95%以上的标准养护室中养护,或在温度为(20 ±2)℃的不流动的$Ca(OH)_2$饱和溶液中养护。标准养护室内的试件应放在支架上,彼此间隔10 ~20 mm,试件表面应保持潮湿,并不得被水直接冲淋。

(3)与构件同条件养护的试件,其成型后的拆模时间可与实际构件的拆模时间相同,拆模后,试件仍需保持同条件养护。

3. 立方体抗压强度测试

(1)将养护到一定龄期(普通混凝土一般为28 d)的混凝土试件从养护室内取出,用湿布覆盖,并尽快试验。

(2)将试件表面与上下承压板面擦拭干净。

(3)将试件安放在压力试验机下承压板或垫板的中心位置上,试件的承压面应与成型时的顶面垂直,试件的中心应与试验机下承压板中心对准。

(4)开动压力试验机,当上承压板与试件接近时,调整球座,使接触均衡。试验过程中加荷应连续而均匀地进行,其加荷速度为:当混凝土强度等级 < C30 时,取0.3 ~0.5 MPa/s;当混凝土强度等级≥C30且 < C60时,取0.5 ~0.8 MPa/s;当混凝土强度等级≥C60时,取0.8 ~1.0 MPa/s。

(5)当试件接近破坏开始急剧变形时,应停止调整压力试验机油门,直至试件破坏,记录破坏荷载F(N)。

(五)试验结果确定

(1)混凝土立方体抗压强度,按式(4-8)计算

$$f_{cc} = \frac{F}{A} \tag{4-8}$$

式中 f_{cc}——混凝土立方体试件的抗压强度,MPa,计算结果精确至0.1 MPa;

F——试件破坏时的荷载,N;

A——试件承压面积,mm^2。

(2)以3个试件测值的算术平均值作为该组试件的抗压强度值(精确至0.1 MPa)。当3个测值中的最大值或最小值中有一个与中间值的差值超过中间值的15%时,则把最大值及最小值一并舍除,取中间值作为该组试件的抗压强度值;若最大值和最小值与中间值的差值均超过中间值的15%,则该组试件的试验结果无效。

(3)当混凝土强度等级 < C60 时,用非标准试件测得的强度值均应乘以尺寸换算系数(见表4-7)。当混凝土强度等级≥C60时,宜采用150 mm×150 mm×150 mm的标准试件,使用非标准试件时,尺寸换算系数应由试验确定。

表4-7　采用非标准试件时的骨料最大粒径要求及尺寸换算系数

试件横截面尺寸(mm)	骨料最大粒径(mm)	尺寸换算系数
100×100	31.5	0.95
200×200	63	1.05

(4)试验室配合比的确定:

①根据前述三个不同配合比成型试件所测得的立方体抗压强度结果，采用绘制混凝土强度和灰水比的线性关系图或插值法，确定配制强度$f_{cu,0}$对应的灰水比$(C/W)'$，将其称为灰水比插值。

②在基准配合比(m'_W、m'_C、m'_S、m'_G)的基础上，用水量(m''_{W0})应根据上一步确定的灰水比$(C/W)'$作调整。

③水泥用量(m''_{C0})应以用水量(m''_{W0})乘以确定的灰水比$(C/W)'$计算得出。

④砂、石的用量(m''_{S0}、m''_{G0})应根据用水量(m''_{W0})和水泥用量(m''_{C0})调整。

⑤配合比调整后的混凝土拌和物的表观密度计算值$\rho_{c,c} = m''_{W0} + m''_{C0} + m''_{S0} + m''_{G0}$ (kg/m^3)。

⑥混凝土配合比校正系数(δ)根据拌和物表观密度实测值($\rho_{c,t}$)和计算值($\rho_{c,c}$)进行计算：$\delta = \dfrac{\rho_{c,t}}{\rho_{c,c}}$。

⑦当拌和物表观密度实测值与计算值之差的绝对值不超过计算值的2%时，可按步骤②～④调整的配合比(m''_{W0}、m''_{C0}、m''_{S0}、m''_{G0})维持不变，直接作为试验室配合比；当二者之差的绝对值超过计算值的2%时，应将前面调整的配合比(m''_{W0}、m''_{C0}、m''_{S0}、m''_{G0})分别乘以校正系数(δ)，即$m'_{W0} = m''_{W0} \times \delta$、$m'_{C0} = m''_{C0} \times \delta$、$m'_{S0} = m''_{S0} \times \delta$、$m'_{G0} = m''_{G0} \times \delta$，则可得试验室配合比($m'_{W0}$、$m'_{C0}$、$m'_{S0}$、$m'_{G0}$)。

五、混凝土劈裂抗拉强度试验

(一)试验目的

通过劈拉法测定的劈裂抗拉强度，是结构设计中确定混凝土抗裂度的重要指标。

(二)依据的规范标准

本试验依据《普通混凝土力学性能试验方法标准》(GB/T 50081—2002)进行。

(三)主要仪器设备

(1)压力试验机：精度为±1%，试件的预计破坏荷载应不小于压力机量程的20%，且不大于全量程的80%。

(2)垫块：半径为75 mm的钢制弧形垫块，其长度与试件相同。

(3)垫条：宽度为20 mm，厚度为3～4 mm，长度不小于试件长度。

(四)试验方法步骤

(1)试件制作、养护等的要求同混凝土立方体抗压强度试验。

(2)试件养护至规定龄期时，从养护室中取出后，用湿布覆盖，并尽快试验。

(3)将试件表面与上、下承压板面擦拭干净。

(4)将试件放在压力试验机下压板的中心位置，劈裂承压面和劈裂面应与试件成型时的顶面垂直；在上、下承压板与试件之间垫以圆弧形垫块及垫条各一个，垫块与垫条应与试件上下面中心线对准并与成型时的顶面垂直，如图4-2所示。

(5)开动压力试验机，当上承压板与圆弧形垫块接近时，调整球座，使接触均衡。试验过程中加荷应连续均匀地进行，速度控制为：当混凝土强度等级$<$C30时，取0.02～0.05 MPa/s；当混凝土强度等级$\geq$C30且$<$C60时，取0.05～0.08 MPa/s；当混凝土强度

等级≥C60 时，取 0.08 ~ 0.10 MPa/s。

(6) 当试件接近破坏时，应停止调整压力试验机油门，直至试件破坏，记录破坏荷载 F'(N)。

(五) 试验结果确定

(1) 混凝土劈裂抗拉强度，按式(4-9)计算

$$f_{ts} = \frac{2F'}{\pi A'} = 0.637\frac{F'}{A'} \quad (4\text{-}9)$$

式中 f_{ts}——混凝土劈裂抗拉强度，MPa，计算结果精确至 0.01 MPa；

F'——试验破坏荷载，N；

A'——试件劈裂面面积，mm^2。

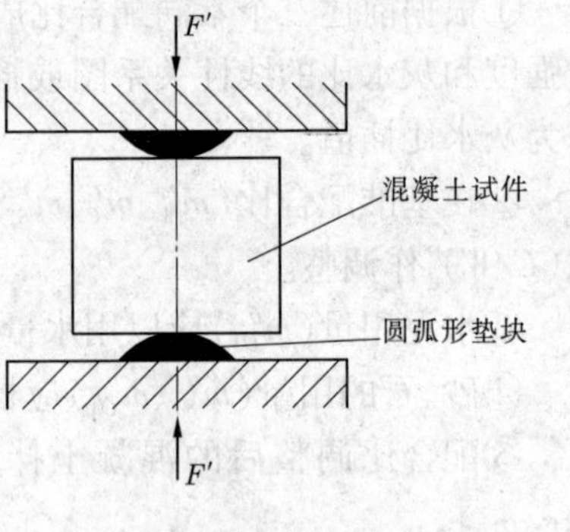

图 4-2 劈裂抗拉强度试验受力示意图

(2) 以 3 个试件测值的算术平均值作为该组试件的劈裂抗拉强度值(精确至 0.01 MPa)。当 3 个测值中的最大值或最小值中有一个与中间值的差值超过中间值的 15% 时，则把最大值及最小值一并舍除，取中间值作为该组试件的劈裂抗拉强度值；若最大值和最小值与中间值的差值均超过中间值的 15%，则该组试件的试验结果无效。

(3) 当混凝土强度等级 < C60 时，采用 100 mm × 100 mm × 100 mm 非标准试件测得的劈裂抗拉强度值，应乘以尺寸换算系数 0.85。当混凝土强度等级 ≥ C60 时，宜采用 150 mm × 150 mm × 150 mm 的标准试件，使用非标准试件时，尺寸换算系数应由试验确定。

六、试验记录与结果处理

试验记录与结果处理按表 4-8 ~ 表 4-12 进行。

表 4-8 混凝土初步配合比设计试验记录与结果处理

设计指标	混凝土设计强度等级		抗渗等级		抗冻等级		坍落度要求(mm)	
原材料	水泥	品种	强度等级	密度(g/cm^3)	3 d 抗折强度(MPa)	3 d 抗压强度(MPa)	28 d 抗折强度(MPa)	28 d 抗压强度(MPa)
	砂	种类	细度模数		表观密度(kg/m^3)		堆积密度(kg/m^3)	
	石子	种类	规格		表观密度(kg/m^3)		堆积密度(kg/m^3)	
配合比设计参数	标准差(MPa)		配制强度(MPa)		水灰比	单位用水量(kg/m^3)		砂率(%)
初步配合比(kg/m^3)	水泥		水	砂	石子		掺合料	外加剂

表 4-9　混凝土拌和物和易性试验(坍落度法)试验记录与结果处理

<table>
<tr><td colspan="2">试验日期</td><td></td><td colspan="2">温度(℃)</td><td></td><td colspan="2">相对湿度(%)</td><td></td></tr>
<tr><td rowspan="7">初步配合比的配料拌和试验</td><td colspan="2" rowspan="2">拌和量(L)</td><td colspan="6">原材料用量(kg)</td></tr>
<tr><td>水泥</td><td>水</td><td>砂</td><td>石子</td><td>掺合料</td><td>外加剂</td></tr>
<tr><td colspan="2"></td><td></td><td></td><td></td><td></td><td></td><td></td></tr>
<tr><td rowspan="4">和易性评定</td><td rowspan="2">实测坍落度(mm)</td><td colspan="2">第一次测值</td><td colspan="2">第二次测值</td><td colspan="2">平均值</td></tr>
<tr><td colspan="2"></td><td colspan="2"></td><td colspan="2"></td></tr>
<tr><td>黏聚性评价</td><td colspan="6"></td></tr>
<tr><td>保水性评价</td><td colspan="6"></td></tr>
<tr><td rowspan="13">和易性调整试验</td><td rowspan="6">调整量(kg)</td><td>调整次数</td><td>水泥</td><td>水</td><td>砂</td><td>石子</td><td>掺合料</td><td>外加剂</td></tr>
<tr><td>第 1 次调整</td><td></td><td></td><td></td><td></td><td></td><td></td></tr>
<tr><td>第 2 次调整</td><td></td><td></td><td></td><td></td><td></td><td></td></tr>
<tr><td>第 3 次调整</td><td></td><td></td><td></td><td></td><td></td><td></td></tr>
<tr><td></td><td></td><td></td><td></td><td></td><td></td><td></td></tr>
<tr><td></td><td></td><td></td><td></td><td></td><td></td><td></td></tr>
<tr><td colspan="2">调整后用量(kg)</td><td></td><td></td><td></td><td></td><td></td><td></td></tr>
<tr><td rowspan="4">和易性评定</td><td rowspan="2">实测坍落度(mm)</td><td colspan="2">第一次测值</td><td colspan="2">第二次测值</td><td colspan="2">平均值</td></tr>
<tr><td colspan="2"></td><td colspan="2"></td><td colspan="2"></td></tr>
<tr><td>黏聚性评价</td><td colspan="6"></td></tr>
<tr><td>保水性评价</td><td colspan="6"></td></tr>
<tr><td colspan="2">实测表观密度 $\rho_{c,t}$(kg/m^3)</td><td colspan="6"></td></tr>
<tr><td colspan="3" rowspan="2">基准配合比(kg/m^3)</td><td>水泥</td><td>水</td><td>砂</td><td>石子</td><td>掺合料</td><td>外加剂</td></tr>
<tr><td></td><td></td><td></td><td></td><td></td><td></td></tr>
</table>

表 4-10　混凝土表观密度试验试验记录与结果处理

<table>
<tr><td rowspan="2">序号</td><td rowspan="2">容量筒的容积 V_0(L)</td><td rowspan="2">容量筒的质量 m_1(kg)</td><td rowspan="2">试样和容量筒的总质量 m_2(kg)</td><td rowspan="2">试样质量 m_2-m_1(kg)</td><td colspan="2">实测表观密度 $\rho_{c,t}$(kg/m^3)</td></tr>
<tr><td>单次测值</td><td>平均值</td></tr>
<tr><td></td><td></td><td></td><td></td><td></td><td></td><td rowspan="2"></td></tr>
<tr><td></td><td></td><td></td><td></td><td></td><td></td></tr>
</table>

表 4-11　混凝土立方体抗压强度试验试验记录与结果处理

试验日期：__________　龄期(d)：__________　承压面积 A(mm^2)：__________

强度校核及试验室配合比的确定	水灰比	试件编号	破坏荷载 F(N)	尺寸换算系数	立方体抗压强度 f_{cc}(MPa)	
					单块值	抗压强度值

		调整后的用量(kg/m^3)						表观密度计算值 $\rho_{c,c}$(kg/m^3)
配合比的调整	水灰比插值	水泥	水	砂	石子	掺合料	外加剂	
		校正后的用量(kg/m^3)						
配合比的校正	校正系数 δ	水泥	水	砂	石子	掺合料	外加剂	
试验室配合比(kg/m^3)		水泥	水	砂	石子	掺合料	外加剂	

表 4-12　混凝土劈裂抗拉强度试验试验记录与结果处理

试验日期：__________　龄期(d)：__________　试件规格 (mm × mm × mm)：__________

试件编号	破坏荷载 F'(N)	劈裂面面积 A'(mm^2)	尺寸换算系数	劈裂抗拉强度 f_{ts}(MPa)	
				单块值	劈裂抗拉强度值

七、试验结果分析及讨论

试验五　建筑砂浆试验

一、砂浆和易性试验

(一)试验目的

通过测定砂浆的稠度和分层度,为确定建筑砂浆性能、检验或控制建筑砂浆的质量提供依据,并为砂浆配合比设计调整奠定基础。

(二)依据的规范标准

本试验依据《建筑砂浆基本性能试验方法标准》(JGJ/T 70—2009)进行。

(三)主要仪器设备

(1)砂浆搅拌机。

(2)砂浆稠度测定仪:如图5-1所示,由试锥、容器和支座三部分组成。试锥高度为145 mm,锥底直径为75 mm,试锥连同滑杆的质量应为(300 ±2)g;盛载砂浆容器的筒高为180 mm,锥底内径为150 mm;支座分底座、支架及刻度显示三个部分。

(3)砂浆分层度筒:如图5-2所示,内径为150 mm,上节高度为200 mm,下节带底净高为100 mm,上、下层连接处需加宽到3~5 mm,并设有橡胶热圈。

(4)拌和钢板。

(5)磅秤:称量50 kg,感量50 g。

(6)台秤:称量10 kg,感量5 g。

(7)钢制捣棒:直径10 mm,长350 mm,端部磨圆。

(8)拌和铲、镘刀、量筒、盛器、木锤、秒表等。

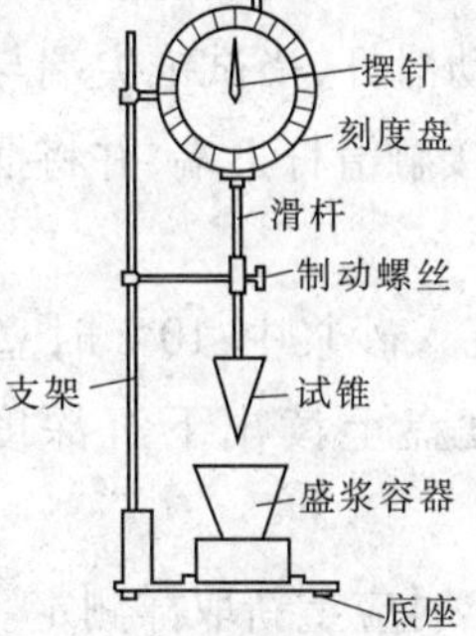

图5-1　砂浆稠度测定仪

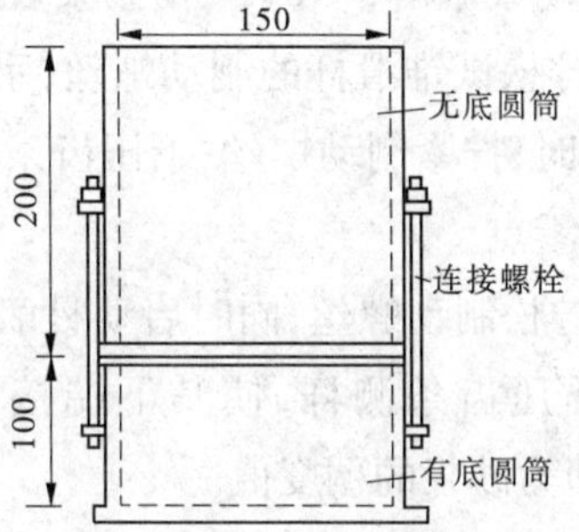

图5-2　砂浆分层度筒

(四)试验方法步骤

1. 试样制备

在试验室制备砂浆拌和物时,所用材料应提前24 h运入室内。拌和时试验室的温度应保持在(20 ±5)℃;需要模拟施工条件下所用的砂浆时,所用原材料的温度宜与施工现场保持一致。试验所用原材料应与现场使用材料一致。砂应通过公称粒径 5 mm 筛。

1）人工拌和法

（1）人工拌和在钢板上进行，将拌和钢板和拌和铲用湿布润湿后（但表面应无明水），先将砂倒在拌和钢板上，然后加入水泥，用拌和铲自拌和钢板一端翻拌至另一端，如此重复，直至充分拌匀（颜色应均匀）。

（2）将混合均匀的干拌和物在拌和钢板上集拢成堆，并在中间做一凹槽；将已称好的石灰膏（或黏土膏）倒入凹槽中，再加入适量的水将石灰膏（或黏土膏）调稀（若为水泥砂浆，则将称好的水的一半倒入凹槽中），然后与水泥、砂混合物共同拌和；将剩余水逐次加入并继续拌和，直至拌和物色泽一致。水泥砂浆每翻拌一次，需用拌和铲将全部砂浆压切一次。拌和时间一般需 3 ~ 5 min（从加水完毕时算起）。

2）机械搅拌法

（1）正式搅拌前，先拌适量砂浆（与正式拌和的砂浆配合比相同），使搅拌机内壁黏附一薄层水泥砂浆，以使正式拌和时的砂浆配合比成分准确。

（2）先将称量好的砂、水泥装入搅拌机内。

（3）开动搅拌机，将水徐徐加入（若是混合砂浆，则需将石灰膏或黏土膏用水稀释至浆状随水加入），加完水后继续搅拌约 3 min。

（4）将砂浆拌和物倒在拌和钢板上，用拌和铲人工翻拌两次，使其均匀。

2. 稠度试验

（1）用少量润滑油轻擦滑杆，再将滑杆上多余的油用吸油纸擦净，使滑杆能自由滑动。

（2）用湿布擦净盛浆容器和试锥表面，将拌和好的砂浆拌和物一次装入盛浆容器，使砂浆表面低于容器口约 10 mm。用捣棒自容器中心向边缘均匀地插捣 25 次，然后轻轻地将容器摇动或敲击 5 ~ 6 下，使砂浆表面平整，然后将容器置于砂浆稠度测定仪的底座上。

（3）拧松试锥滑杆的制动螺丝，手扶着试锥并向下移动滑杆，当试锥尖端与砂浆表面刚好接触时，拧紧制动螺丝；下压齿条测杆，使其下端刚好接触滑杆上端，并将摆针调至对准刻度盘零点。

（4）拧松制动螺丝，同时启动秒表计时，使试锥自由沉入砂浆中；10 s 时立即拧紧制动螺丝，下压齿条测杆，使其下端接触滑杆上端；从刻度盘上读出下沉深度（精确至 1 mm），即为砂浆的稠度值。

（5）盛浆容器内的砂浆只允许测定一次稠度，重复测定时应重新取样测定。

3. 分层度试验

（1）将拌和好的砂浆拌和物先按上述稠度试验方法测定其稠度作为初始值。

（2）将砂浆拌和物一次装入分层度筒内，待装满后，用木锤在分层度筒周围距离大致相等的四个不同部位分别轻轻敲击 1 ~ 2 下，若砂浆沉入到低于分层度筒口，则应随时添加砂浆，然后刮去多余的砂浆，并用镘刀抹平。

(3)静置30 min后,去掉上节200 mm砂浆,将剩余下部100 mm砂浆倒入搅拌锅内重新拌2 min,然后按上述的稠度试验方法测定其稠度。前后两次测得的稠度之差即为该砂浆的分层度值(mm)。

(五)试验结果确定

1. 稠度试验结果的处理

(1)取两次试验结果的算术平均值作为砂浆稠度的试验结果,mm,计算精确至1 mm。

(2)若两次试验值之差大于10 mm,则应重新取样测定。

2. 分层度试验结果的处理

(1)取两次试验结果的算术平均值作为该砂浆的分层度值,mm。

(2)若两次试验值之差大于10 mm,应重新取样试验。

二、砂浆立方体抗压强度试验

(一)试验目的

测定砂浆的立方体抗压强度,为评价砂浆强度等级、校核并确定配合比提供依据。

(二)依据的规范标准

本试验依据《建筑砂浆基本性能试验方法标准》(JGJ/T 70—2009)进行。

(三)主要仪器设备

(1)压力试验机:精度为±1%,试件的预计破坏荷载应不小于压力机量程的20%,且不大于全量程的80%。

(2)振动台:空载中台面的垂直振幅应为(0.5±0.05)mm,空载频率应为(50±3)Hz,空载台面振幅均匀度不大于10%,一次试验至少能固定3个试模。

(3)垫板:试验机上、下承压板与试件之间可垫以钢垫板,垫板的尺寸应大于试件的承压面,其不平度应为每100 mm不超过0.02 mm。

(4)试模:尺寸为70.7 mm×70.7 mm×70.7 mm的带底试模,试模内表面的不平度应为每100 mm不超过0.05 mm,组装后各相邻面的不垂直度不应超过±0.5°。

(5)钢制捣棒:直径为10 mm,长为350 mm,端部应磨圆。

(6)镘刀等。

(四)试验方法步骤

1. 试件制作

(1)采用立方体试件,每组试件3个。

(2)应用黄油等密封材料涂抹试模的外接缝,试模内涂刷薄层机油或脱模剂。

(3)将拌制好的砂浆拌和物一次性装满砂浆试模,成型方法根据稠度而定:①当稠度≥50 mm时,采用人工振捣成型,即用捣棒均匀地由边缘向中心按螺旋方式均匀插捣25次,插捣过程中若砂浆沉落低于试模口,应随时添加砂浆,可用油灰刀插捣数次,并用手将试模一边抬高5~10 mm各振动5次,使砂浆高出试模顶面6~8 mm;②当稠度<50

mm 时,采用振动台振实成型,即将拌和好的砂浆拌和物一次装满试模,放置到振动台上,振动时试模不得跳动,振动 5~10 s 或持续到表面出浆为止,不得过振。

(4)待表面水分稍干后,将高出试模部分的砂浆沿试模顶面刮去并抹平。

2. 试件养护

(1)试件制作后应在室温为(20±5)℃的环境下静置(24±2)h,当气温较低时,可适当延长时间,但不应超过两昼夜。然后对试件进行编号、拆模。

(2)试件拆模后应立即放入温度为(20±2)℃、相对湿度为90%以上的标准养护室中养护。养护期间,试件彼此间隔不小于10 mm,混合砂浆试件上面应覆盖,以防有水滴在试件上。

3. 立方体抗压强度测试

(1)将养护到一定龄期(一般为28 d)的砂浆试件从养护室内取出,用湿布覆盖,并尽快试验。

(2)试验前将试件表面擦拭干净,测量尺寸,并检查其外观,据此计算试件的承压面积,若实测尺寸与公称尺寸(70.7 mm)之差不超过1 mm,可按公称尺寸计算承压面积。

(3)将试件安放在试验机的下承压板(或下垫板)上,试件的承压面应与成型时的顶面垂直,试件中心应与试验机下承压板(或下垫板)中心对准。

(4)开动试验机,当上承压板与试件(或上垫板)接近时,调整球座,使接触面均衡受压。承压试验应连续而均匀地加荷,加荷速度应为0.25~1.5 kN/s(当砂浆强度不大于5 MPa时,宜取下限;当砂浆强度大于5 MPa时,宜取上限),当试件接近破坏而开始迅速变形时,停止调整压力试验机油门,直至试件破坏,然后记录破坏荷载 N_u(N)。

(五)试验结果确定

(1)砂浆立方体抗压强度,按式(5-1)计算

$$f_{m,cu}=\frac{N_u}{A} \tag{5-1}$$

式中 $f_{m,cu}$——砂浆立方体试件的抗压强度,MPa,计算结果精确至0.1 MPa;

N_u——试件破坏时的荷载,N;

A——试件承压面积, mm^2。

(2)砂浆立方体抗压强度平均值 f_2:以3个试件测值的算术平均值的1.3倍作为该组试件的砂浆立方体抗压强度平均值(精确至0.1 MPa)。

(3)当3个测值中的最大值或最小值中有一个与中间值的差值超过中间值的15%时,则把最大值及最小值一并舍除,取中间值作为该组试件的抗压强度值;若最大值和最小值与中间值的差值均超过中间值的15%,则该组试件的试验结果无效。

三、试验记录与结果处理

试验记录与结果处理按表5-1、表5-2进行。

表 5-1　砂浆和易性试验试验记录与结果处理

<table>
<tr><td colspan="2">试验日期</td><td></td><td>温度(℃)</td><td></td><td>相对湿度(%)</td><td></td></tr>
<tr><td colspan="2">砂浆设计强度等级</td><td></td><td>要求稠度(mm)</td><td></td><td>砂子种类及细度</td><td></td></tr>
<tr><td colspan="2">水泥品种及强度等级</td><td></td><td>掺合料名称</td><td></td><td>外加剂名称</td><td></td></tr>
<tr><td colspan="2" rowspan="2">原材料</td><td colspan="5">材料用量</td></tr>
<tr><td>水泥</td><td>砂</td><td>水</td><td>掺合料</td><td>外加剂</td></tr>
<tr><td colspan="2">砂浆配合比(kg/m³)</td><td></td><td></td><td></td><td></td><td></td></tr>
<tr><td colspan="2">试验拌和取用量(kg)</td><td></td><td></td><td></td><td></td><td></td></tr>
<tr><td rowspan="6">砂浆和易性测试</td><td colspan="3">稠度试验初始值</td><td colspan="3">静置 30 min 后的稠度试验值</td></tr>
<tr><td>第一次测值</td><td>第二次测值</td><td>平均值</td><td>第一次测值</td><td>第二次测值</td><td>平均值</td></tr>
<tr><td></td><td></td><td></td><td></td><td></td><td></td></tr>
<tr><td colspan="3">砂浆稠度值(mm)</td><td colspan="3">砂浆分层度值(mm)</td></tr>
<tr><td colspan="3"></td><td colspan="3"></td></tr>
<tr><td colspan="6">和易性评定:</td></tr>
</table>

表 5-2　砂浆立方体抗压强度试验试验记录与结果处理

试验日期:________ 龄期(d):________ 试件规格(mm× mm× mm):________

<table>
<tr><td rowspan="2">试件编号</td><td rowspan="2">破坏荷载
N_u(N)</td><td rowspan="2">承压面积
A(mm²)</td><td colspan="2">立方体抗压强度 $f_{m,cu}$(MPa)</td><td rowspan="2">立方体抗压强度
平均值 f_2(MPa)</td></tr>
<tr><td>单块值</td><td>算术平均值</td></tr>
<tr><td></td><td></td><td rowspan="3"></td><td></td><td rowspan="3"></td><td rowspan="3"></td></tr>
<tr><td></td><td></td><td></td></tr>
<tr><td></td><td></td><td></td></tr>
</table>

四、试验结果分析及讨论

试验六　烧结普通砖抗压强度试验

一、试验目的

通过测定烧结普通砖的抗压强度,作为评定砖强度等级的依据。

二、依据的规范标准

本试验依据《砌墙砖试验方法》(GB/T 2542—2003)、《烧结普通砖》(GB 5101—2003)进行。

三、主要仪器设备

(1)压力试验机:要求与混凝土抗压强度试验相同。

(2)水平尺:规格为250~300 mm。

(3)钢直尺:分度值1 mm。

(4)锯砖机、镘刀及试件制备平台等。

四、试验方法步骤

(一)试件制备

(1)取烧结普通砖试样数量10块。

(2)将试样切断或锯成两个半截砖,断开的半截砖长不得小于100 mm,否则应另取备用试件补足。

(3)将已断开的半截砖放入室温净水中浸10~20 min后取出,放在试件制备平台上,并以断口相反方向叠放,上、下两个半截砖的叠合面之间抹以厚度不超过5 mm的稠度适宜的水泥净浆黏结,上、下两面用厚度不超过3 mm的同种水泥净浆抹平,水泥净浆采用强度等级42.5级的普通硅酸盐水泥调制而成。制成的试件上、下两面需相互平行,并垂直于侧面,如图6-1所示。

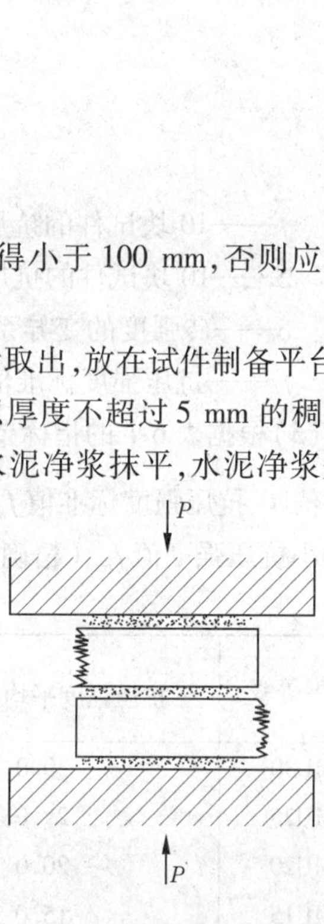

图6-1　烧结普通砖抗压强度示意图

(二)试件养护

试件制成后应置于不低于10 ℃的不通风室内养护3 d,再进行试验。

(三)抗压强度测试

(1)测量每个试件连接面或受压面的长、宽尺寸各两个,分别取其平均值,精确至1 mm。

(2)将试件平放在压力机加压板的中央,垂直于受压面加荷。加荷应均匀平稳,不得发生冲击或振动,速度以 4 kN/s 为宜,直至试件破坏,记录最大破坏荷载 P(N)。

五、试验结果确定

(1)每块试件的抗压强度 f_i 按式(6-1)计算

$$f_i = \frac{P}{LB} \tag{6-1}$$

式中 f_i——每块试件的抗压强度,MPa,精确至 0.01 MPa;

P——最大破坏荷载,N;

L——受压面(或连接面)的长度, mm;

B——受压面(或连接面)的宽度, mm。

(2)每组试验 10 块试件的抗压强度平均值 $\overline{f}$、抗压强度标准差 S、变异系数 δ 及抗压强度标准值 f_k,分别按式(6-2)~式(6-5)进行计算

$$\overline{f} = \frac{1}{10}\sum_{i=1}^{10} f_i \tag{6-2}$$

$$S = \sqrt{\frac{1}{9}\sum_{i=1}^{10}(f_i - \overline{f})^2} \tag{6-3}$$

$$\delta = \frac{S}{\overline{f}} \tag{6-4}$$

$$f_k = \overline{f} - 1.8S \tag{6-5}$$

式中 $\overline{f}$——10 块试件的抗压强度平均值,MPa,精确至 0.01 MPa;

S——10 块试件的抗压强度标准差,MPa,精确至 0.01 MPa;

δ——砖强度的变异系数,精确至 0.01;

f_k——抗压强度标准值,MPa,精确至 0.1 MPa。

(3)根据表 6-1 的指标要求评定砖的强度等级:当变异系数 $\delta \leqslant 0.21$ 时,按抗压强度平均值 $\overline{f}$、抗压强度标准值 f_k 进行评定;当变异系数 $\delta > 0.21$ 时,按抗压强度平均值 $\overline{f}$、单块最小抗压强度值 f_{min}(精确至 0.1 MPa)进行评定。

表 6-1 烧结普通砖的强度等级 (单位:MPa)

强度等级	抗压强度平均值 $\overline{f} \geqslant$	变异系数 $\delta \leqslant 0.21$	变异系数 $\delta > 0.21$
		抗压强度标准值 $f_k \geqslant$	单块最小抗压强度值 $f_{min} \geqslant$
MU30	30.0	22.0	25.0
MU25	25.0	18.0	22.0
MU20	20.0	14.0	16.0
MU15	15.0	10.0	12.0
MU10	10.0	6.5	7.5

六、试验记录与结果处理

试验记录与结果处理按表 6-2 进行。

表 6-2　烧结普通砖抗压强度试验试验记录与结果处理

<table>
<tr><td rowspan="2">试件编号</td><td rowspan="2">长度
L(mm)</td><td rowspan="2">宽度
B(mm)</td><td rowspan="2">受压面积
$L\times B$(mm^2)</td><td rowspan="2">破坏荷载
P(N)</td><td colspan="2">抗压强度(MPa)</td></tr>
<tr><td>单块值 f_i</td><td>平均值 $\overline{f}$</td></tr>
<tr><td>1</td><td></td><td></td><td></td><td></td><td></td><td rowspan="10"></td></tr>
<tr><td>2</td><td></td><td></td><td></td><td></td><td></td></tr>
<tr><td>3</td><td></td><td></td><td></td><td></td><td></td></tr>
<tr><td>4</td><td></td><td></td><td></td><td></td><td></td></tr>
<tr><td>5</td><td></td><td></td><td></td><td></td><td></td></tr>
<tr><td>6</td><td></td><td></td><td></td><td></td><td></td></tr>
<tr><td>7</td><td></td><td></td><td></td><td></td><td></td></tr>
<tr><td>8</td><td></td><td></td><td></td><td></td><td></td></tr>
<tr><td>9</td><td></td><td></td><td></td><td></td><td></td></tr>
<tr><td>10</td><td></td><td></td><td></td><td></td><td></td></tr>
<tr><td colspan="3">抗压强度标准差 S(MPa)</td><td></td><td colspan="2">变异系数 δ</td><td></td></tr>
<tr><td colspan="3">抗压强度标准值
f_k(MPa)</td><td></td><td colspan="2">单块最小抗压强度值
f_{min}(MPa)</td><td></td></tr>
<tr><td colspan="4">评定砖的强度等级</td><td colspan="3"></td></tr>
</table>

七、试验结果分析及讨论

试验七　沥青试验

一、沥青针入度试验

(一)试验目的

对针入度范围为(0～500)1/10 mm 的固体或半固体沥青材料,通过本试验测定其针入度来表示沥青的黏滞性,并以针入度为其主要技术指标来评定沥青的牌号。

(二)依据的规范标准

本试验依据《沥青针入度测定法》(GB/T 4509—2010)进行。

沥青的针入度以标准针在一定的载荷、时间、温度条件下垂直穿入沥青试样的深度表示,单位为1/10 mm。一般地,标准针、针连杆与附加砝码的总质量为(100 ±0.05)g,温度为(25 ±0.1)℃,时间为5 s。特定试验可采用表7-1 所示的其他条件(特定试验应在报告中注明试验条件)。

表7-1　特定试验条件

温度(℃)	0	4	46
载荷(g)	200	200	50
时间(s)	60	60	5

(三)主要仪器设备

(1)针入度仪:如图7-1 所示,能使针连杆在无明显摩擦下垂直运动,并能指示穿入深度精确到0.1 mm 的仪器均可使用。针连杆的质量为(47.5 ±0.05)g,针和针连杆的总质量为(50 ±0.05)g,另外仪器附有(50 ±0.05)g 和(100 ±0.05)g 的砝码各一个,可以组成(100 ±0.05)g 和(200 ±0.05)g 的载荷,以满足试验所需的载荷条件。仪器设有放置平底玻璃皿的平台,针连杆应与平台垂直。

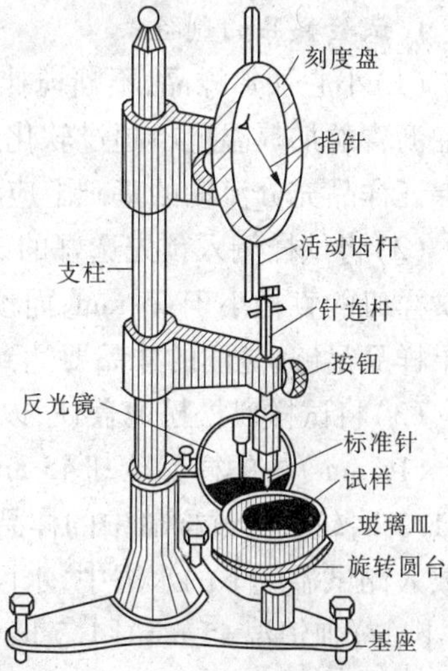

图7-1　针入度仪

(2)标准针:应由硬化回火的不锈钢制造,钢号为44－C 或等同的材料,洛氏硬度为54～60,标准针长约50 mm(长针长约60 mm),所有针的直径为1.00～1.02 mm。针的一端应磨成8.7°～9.7°的锥形,锥形应与针体同轴,圆锥表面与针体表面交界线的轴向最大偏差不大于0.2 mm,切平的圆锥端直径应为0.14～0.16 mm,与针轴所成角度不超过2°。切平的圆锥面的周边应锋利没有毛刺,圆锥表面粗糙度的算术平均值应为0.2～0.3 μm。针应装在一个黄铜或不锈钢的金属箍内,金属箍的直径为(3.20±0.05)mm、长度为(38±1)mm,针应牢固地装在箍里。针尖及针的任何其余部分均不得偏离箍轴1 mm以上。针箍及其附件的总质量为(2.5±0.05)g,可以在针箍的一端打孔或将其边缘磨平,以控制质量。每个针箍上打印单独的标志编号。

(3)试样皿:应使用最小尺寸符合表7-2要求的金属或玻璃的圆柱形平底器皿。

表7-2 试样皿最小尺寸要求

针入度范围(1/10 mm)	直径(mm)	深度(mm)
<40	33～55	8～16
<200	55	35
200～350	55～75	45～70
350～500	55	70

(4)平底玻璃皿:容量不小于350 mL,深度要没过最大的试样皿。内设一个不锈钢三角支架,以保证试样皿稳定。

(5)恒温水浴:容量不小于10 L,能保持温度在试验温度下控制在±0.1 ℃范围内的水浴。水浴中距水底部50 mm处有一个带孔的支架,这一支架离水面至少有100 mm。如果针入度测定在水浴中进行,支架应足够支撑针入度仪。当在低温下测定针入度时,水浴中装入盐水。

(6)温度计:液体玻璃温度计,刻度范围－8～55 ℃,分度值为0.1 ℃。或满足此准确度和灵敏度的测温装置均可使用。

(7)计时器:刻度为0.1 s或小于0.1 s,60 s内的准确度达到±0.1 s的任何计时装置均可。直接连到针入度仪上的任何计时设备应进行精确校正,以提供±0.1 s的时间间隔。

(四)试验方法步骤

1. 试验样品的制备

(1)小心加热样品,不断搅拌,以防局部过热,加热到使样品能够易于流动。加热时,石油沥青的加热温度不超过软化点的90 ℃,焦油沥青不超过软化点的60 ℃。加热时间在保证样品充分流动的基础上应尽量短。加热、搅拌过程中应避免试样中进入气泡。

(2)将试样倒入预先选好的试样皿中,试样深度应至少是预计锥入深度的120%。如果试样皿的直径小于65 mm,而预期针入度高于200,每个试验条件都要浇注3个样品。如果样品足够,浇注的样品要达到试样皿边缘。

(3)将试样皿松松地盖住,以防灰尘落入。在15～30 ℃的室温下,小的试样皿(φ33 mm×16 mm)中的样品冷却45 min～1.5 h,中等试样皿(φ55 mm×35 mm)中的样品冷却1～1.5 h,较大的试样皿中的样品冷却1.5～2 h。冷却结束后将试样皿和平底玻璃皿一起放入测试温度下的水浴中,水面应没过试样表面10 mm以上。在规定的试验温度下恒温,小试样皿恒温45 min～1.5 h,中等试样皿恒温1～1.5 h,较大试样皿恒温1.5～2.0 h。

2. 试验步骤

(1)调节针入度仪的基座螺丝使仪器水平,检查针连杆和导轨,确保上面没有水和其他物质。如果预测针入度超过350,则应选择长针,否则用标准针。先用合适的溶剂将针擦拭干净,再用干净的布擦干,然后将针插入针连杆中固定。按试验条件选择合适的砝码并放好砝码。

(2)如果测试时针入度仪是在水浴中,则直接将试样皿放在浸于水中的支架上,使试样完全浸没在水中。如果测试时针入度仪不在水浴中,则将已恒温到试验温度的试样皿放在平底玻璃皿中的三角支架上,用与水浴相同温度的水完全覆盖样品,将平底玻璃皿放置在针入度仪的平台上。

(3)慢慢放下针连杆,使针尖刚刚接触到试样的表面,必要时用放置在合适位置的光源观察针头位置,使针尖与水中针头的投影刚刚接触为止。轻轻拉下活动齿杆,使其与针连杆顶端接触,调节针入度仪上的表盘读数归零。

(4)在规定时间内用手紧压按钮以快速释放针连杆,同时启动秒表或计时装置,使标准针自由下落穿入沥青试样中,到规定时间立即停压按钮,使标准针停止移动。

(5)拉下活动齿杆,再使其与针连杆顶端相接触,此时表盘指针的读数即为该试样的针入度。

(6)同一试样至少重复测定三次。每一试验点间的距离和试验点与试样皿边缘的距离都不得小于10 mm。每次试验前都应将试样和平底玻璃皿放入恒温水浴中,每次测定都要用干净的针。当针入度小于200时,可将针取下,用合适的溶剂擦净后继续使用。当针入度超过200时,每个试样皿中扎一针,三个试样皿得到三个数据;或者每个试样用三根针,每次试验用的针留在试样中,直到三根针扎完时再将针从试样中取出,但是这样测得的针入度的最高值和最低值之差不得超过平均值的4%。

(五)试验结果确定

(1)以三次测定的针入度值的平均值作为试验结果(计算取至整数)。三次测定的针入度值相差不应大于表7-3的要求。

表7-3　三次测定针入度值的最大偏差

针入度(1/10 mm)	0~49	50~149	150~249	250~349	350~500
最大差值(1/10 mm)	2	4	6	8	20

(2)如果三次测定的针入度值的差值超过了表7-3的要求,则取第二个样品重复试验。

(3)如果结果再次超过允许值,则取消所有的试验结果,重新进行试验。

二、沥青延度试验

(一)试验目的

通过对沥青延度的测定,了解沥青塑性大小,即沥青产生变形而不破坏的能力。延度也是评定沥青牌号的技术指标。

(二)依据的规范标准

本试验依据《沥青延度测定法》(GB/T 4508—2010)进行。

延度试验是测试沥青试件在一定温度下以一定速度拉伸至断裂时的延伸长度。非经特殊说明,一般试验温度为(25 ±0.5)℃,拉伸速度为(5 ±0.25)cm/min。

(三)主要仪器设备及材料

(1)延度仪:如图 7-2 所示,将试样持续浸没于水中,能按照一定的速度拉伸试件的仪器。该仪器在启动时应无明显的振动。

(2)模具:如图 7-3 所示,试样模具由黄铜制造,由两个弧形端模和两个侧模组成,尺寸符合《沥青延度测定法》(GB/T 4508—2010)的要求。

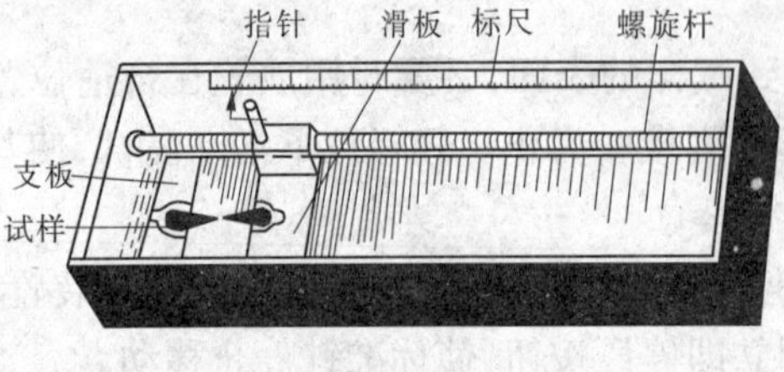

图 7-2 延度仪

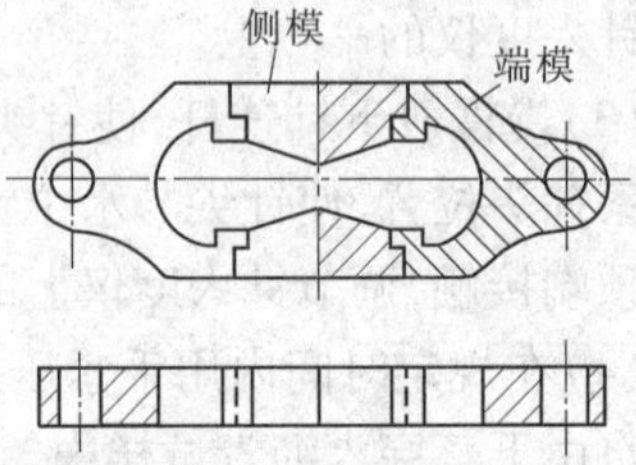

图 7-3 "8"字形模具示意图

(3)水浴:能保持试验温度变化不大于 0.1 ℃,容量至少为 10 L,试件浸入水中深度不得小于 10 cm,水浴中设置带孔搁架以支撑试件,搁架距水浴底部不得小于 5 cm。

(4)温度计:0 ~50 ℃,分度为 0.1 ℃和 0.5 ℃各 1 支。

(5)支撑板:为黄铜板,一面应磨光至表面粗糙度为 *Ra*0.63 μm。

(6)直刀或小铲。

(7)隔离剂:以质量计,由两份甘油和一份滑石粉调制而成。

(四)试验方法步骤

1. 准备工作

(1)将模具组装在支撑板上,将隔离剂均匀涂于支撑板表面及侧模的内表面(切勿涂于端模内表面),以防沥青黏在模具上。

(2)小心加热样品,充分搅拌,以防局部过热,直到样品容易倾倒。石油沥青样品的加热温度不超过石油沥青预计软化点 90 ℃,煤焦油沥青样品的加热温度不超过煤焦油沥青预计软化点 60 ℃。样品的加热时间在不影响样品性质和在保证样品充分流动的基础上应尽量短。

(3)将熔化后的样品充分搅拌之后倒入模具中,在组装模具时应倍加小心,不要弄乱了配件。在倒样时使试样呈细流状,自模的一端至另一端往返倒入,使试样略高出模具,将试件在空气中冷却 30 ~40 min,然后放在规定温度的水浴中保持 30 min 取出,用热的直刀或小铲将高出模具的沥青刮出,使试样与模具齐平。

(3)恒温:将支撑板、模具和试件一起放入水浴中,并在试验温度下保持 85 ~95 min,然后从支撑板上取下试件,拆掉侧模,立即进行拉伸试验。

2. 试验步骤

(1)将模具两端的孔分别套在延度仪的两个柱上,然后以一定的速度(非经特殊说明,一般拉伸速度为(5 ±0.25)cm/min)拉伸,直到试件拉伸断裂。拉伸速度允许误差在 ±5% 以内,测量试件从拉伸到断裂所经过的距离,以 cm 表示。试验时,试件距水面和水底的距离不小于 2.5 cm,并且要使温度保持在规定温度的 ±0.5 ℃范围内。

(2)如果沥青浮于水面或沉于槽底,则试验不正常。应使用乙醇或氯化钠调整水的密度,使沥青材料既不浮于水面,又不沉于槽底。

(3)正常的试验应将试件拉成锥形或线形或柱形,直至在断裂时实际横断面面积接近于零或一均匀断面。如果3次试验得不到正常结果,则报告在该条件下延度无法测定。

(五)试验结果确定

(1)若3个试件测定值中最高值与最低值的差值在平均值的5%以内,则取3个平行测定值的平均值作为试验结果。

(2)若3个试件测定值中最高值与最低值的差值超过平均值的5%,但其中两个较高值的差值在平均值的5%以内,则舍除最低测定值,取两个较高测定值的平均值作为试验结果。

(3)若3个试件测定值中最高值与最低值的差值超过平均值的5%,且其中两个较高值的差值也超过平均值的5%,则试验作废,应重新测定。

三、沥青软化点试验

(一)试验目的

通过软化点的测定,了解沥青的黏滞性和塑性随温度升高而改变的程度。软化点也是评定沥青牌号的技术指标之一。

(二)依据的规范标准

本试验依据《沥青软化点测定法(环球法)》(GB/T 4507—1999)、《水工沥青混凝土试验规程》(DL/T 5362—2006)进行。

(三)主要仪器设备及材料

(1)软化点测定仪:如图7-4所示,包括试样环、支撑板、钢球、钢球定位器、环支撑架、烧杯等。

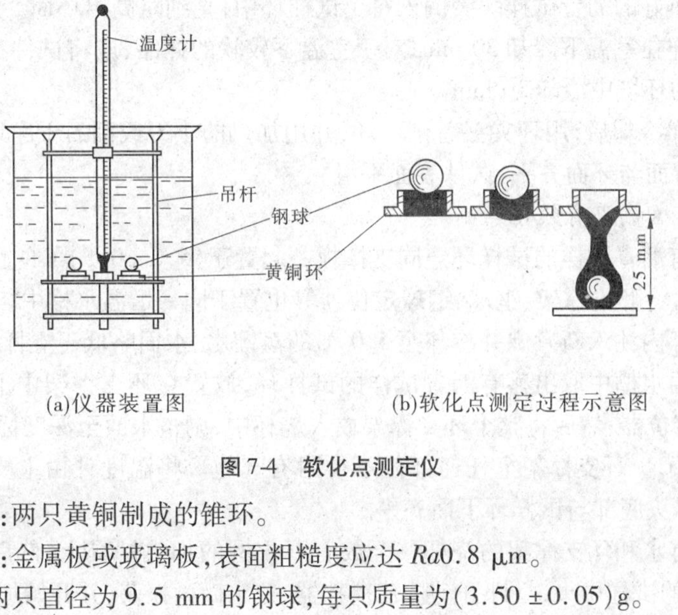

(a)仪器装置图　　(b)软化点测定过程示意图

图7-4　软化点测定仪

(2)试样环:两只黄铜制成的锥环。

(3)支撑板:金属板或玻璃板,表面粗糙度应达 Ra0.8 μm。

(4)钢球:两只直径为9.5 mm的钢球,每只质量为(3.50±0.05)g。

(5)钢球定位器:两只钢球定位器用于使钢球定位于试样中央。

(6)环支撑架:支撑架上的试样环的底部距离下支撑板的上表面为25 mm,下支撑板的下表面距离烧杯底部为(16 ±3) mm。

(7)加热器具:可控温的电炉或其他加热器具。应采用带有振荡搅拌器的加热电炉,振荡子置于烧杯底部。

(8)恒温水槽:可自动控温,控温准确度为0.5 ℃。

(9)温度计:测温范围0~200 ℃,分度值为0.5 ℃。

(10)平直刮刀、石棉网等。

(11)隔离剂:以质量计,由两份甘油和一份滑石粉调制而成。

(12)加热介质:新煮沸过的蒸馏水或甘油。

(四)试验方法步骤

1. 准备工作

(1)试样的准备和测试等工作必须在规定的时间内完成:石油沥青在6 h内,煤焦油沥青在4.5 h内。

(2)小心加热试样,并不断搅拌,以防止局部过热,直到样品变得流动。小心搅拌,以免气泡进入样品中。

(3)石油沥青样品加热到倾倒温度的时间不超过2 h,其加热温度不超过石油沥青预计软化点110 ℃;煤焦油沥青样品加热到倾倒温度的时间不超过30 min,其加热温度不超过煤焦油沥青预计软化点55 ℃。

(4)如果重复试验,不能重新加热样品,应在干净的容器中用新鲜样品制备试样。

(5)若估计沥青的软化点在120 ℃以上,应将试样环与支撑板预热至80~100 ℃,然后将试样环放到涂有隔离剂的支撑板上(否则会出现沥青试样从试样环中完全脱落的现象)。

(6)将加热好的沥青试样缓缓倒入每个试样环中,直到略高出环面。

(7)让试样在室温下冷却30 min;对于室温下较软的样品,应将试件在低于预计软化点10 ℃以上的环境中冷却30 min。

(8)当试样冷却后,用环夹夹着试样环,并用加热的小刀或刮刀干净地刮去高出环面的沥青,使沥青面与环面齐平,试件表面平滑。

2. 低于80 ℃的沥青软化点测定

(1)将装有沥青试样的试样环连同支撑板一起置于(5.0 ±0.5)℃的恒温水槽中不少于15 min,同时将环支撑架、钢球、钢球定位器等也置于同一恒温水槽中。

(2)在烧杯内注入新煮沸并冷却至5.0 ℃的蒸馏水,水面略低于立杆上的深度标记。

(3)从恒温水槽中取出盛有沥青试样的试样环,放置在环支撑架中上支撑板的圆孔中,套上钢球定位器,然后将整个环支撑架放入烧杯中,调整水面至深度标记,并保持水温为(5.0 ±0.5)℃。环支撑架上任何部位不得附有气泡。将温度计由上支撑板中心孔垂直插入,使测温头底部与试样环下面齐平。

(4)将盛有水和环支撑架的烧杯移至放有石棉网的加热炉具上,然后将钢球放在钢球定位器中间的试样中央,立即开动振荡搅拌器,使水微微振荡,并开始加热,使杯中水的升温速率在 3 min 内达到(5.0 ±0.5)℃/min,并保持稳定。在加热的过程中,应记录每分钟上升的温度,若升温速率超过(5.0 ±0.5)℃/min,应重做试验。

(5)试样受热软化,当沥青下坠至与下支撑板的上表面接触时,即读取温度,精确至 0.5 ℃。

3. 高于 80 ℃的沥青软化点测定

(1)将装有沥青试样的试样环连同支撑板一起置于装有甘油的恒温水槽中,在(32 ±1)℃的温度下恒温不少于 15 min,同时将环支撑架、钢球、钢球定位器等也置于同一恒温水槽中。

(2)在烧杯内注入预热至 32 ℃的甘油,其液面略低于立杆上的深度标记。

(3)从恒温水槽中取出盛有沥青试样的试样环,按上述“低于 80 ℃的沥青软化点测定”的方法进行测定,精确至 1 ℃。

(五)试验结果确定

(1)同一样品平行试验两次,以两次测值的平均值作为试验结果,精确至 0.5 ℃。

(2)精密度要求:①当试样软化点小于 80 ℃时,重复性试验的允许误差为 1 ℃,再现性试验(同一试样由两个试验室进行试验并提供结果)的允许误差为 4 ℃;②当试样软化点大于或等于 80 ℃时,重复性试验的允许误差为 2 ℃,再现性试验的允许误差为 8 ℃。

四、试验记录与结果处理

试验记录与结果处理按表 7-4 ~ 表 7-6 进行。

表 7-4　沥青针入度试验试验记录与结果处理

试验温度(℃):＿＿＿＿＿＿ 试验荷载(g):＿＿＿＿＿＿ 经历时间(s):＿＿＿＿＿＿

试验次数	度盘读数(1/10 mm)		针入度(1/10 mm)		备注
	开始读数	最终读数	单个值	试验结果值	
1					
2					
3					

表 7-5　沥青延度试验试验记录与结果处理

试验温度(℃):＿＿＿＿＿＿ 拉伸速度(cm/min):＿＿＿＿＿＿

试件编号	标尺读数(mm)		延度(cm)		备注
	初始读数	最终读数	单个值	试验结果值	
1					
2					
3					

表 7-6　沥青软化点试验试验记录与结果处理

室内温度(℃):________烧杯内液体名称:________

试件编号	初始液温(℃)	烧杯内液体在每分钟末温度上升记录(℃)															最终液温(℃)	软化点(℃)	
		1	2	3	4	5	6	7	8	9	10	11	12	13	14	15		单个值	试验结果值
1																			
2																			

五、试验结果分析及讨论

试验结果汇总及结论

试验参数	沥青质量指标	实测结果	检测结论	备注
针入度(25 ℃, 100 g, 5 s)(1/10 mm)				
延度(25 ℃, 5 cm/min)(cm)				
软化点(环球法)(℃)				

评定标准:《建筑石油沥青》(GB/T 494—2010)

试验八　钢筋试验

一、钢筋的拉伸试验

(一)试验目的

通过钢筋拉伸试验,观察拉力与变形之间的变化规律,绘制应力与应变之间的关系曲线,测定钢筋的屈服强度、抗拉强度与伸长率三个指标,以评定钢筋强度等级及质量是否合格。

(二)依据的规范标准

本试验依据《金属材料拉伸试验 第1部分:室温试验部分》(GB/T 228.1—2010)、《钢筋混凝土用钢 第1部分:热轧光圆钢筋》(GB 1499.1—2008)、《钢筋混凝土用钢 第2部分:热轧带肋钢筋》(GB 1499.2—2007)等进行。

(三)主要仪器设备及材料

(1)万能试验机:示值误差不大于1%。量程的选择:试验加荷达到最大荷载时,指针最好在第三象限(180°~270°)内,或者数显破坏荷载在量程的50%~75%。

(2)钢筋打点机或划线机、游标卡尺(精度为0.1 mm)等。

(四)试验方法步骤

1.试件制备

(1)拉伸试验用钢筋试件一般不经过车削加工,可以用两个或一系列等分小冲点或细划线标出原始标距(标记不应影响试样断裂)。试件按式(8-1)计算长度后截取。

$$L = L_0 + 2h_1 + 2h \tag{8-1}$$

式中 L——拉伸试件的长度, mm,如图8-1所示;

L_0——拉伸试件的原始标距, mm;

h_1——预留长度, mm, $h_1 = (0.5 \sim 1)a$;

h——夹具长度, mm;

a——钢筋的公称直径, mm。

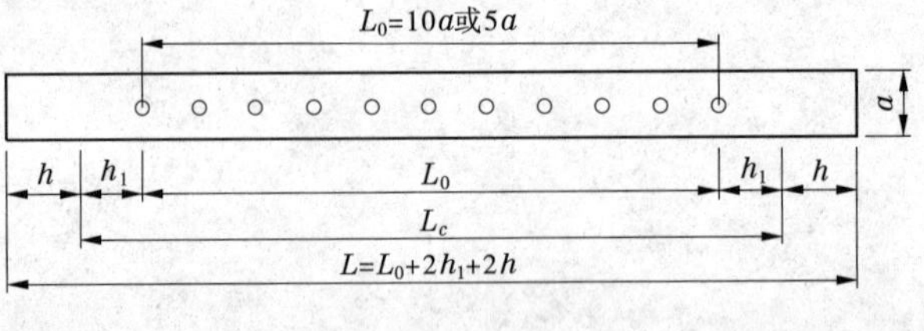

a—试样原始直径;L_0—原始标距长度;L_c—平行长度;h_1—取$(0.5\sim1)a$;h—夹具长度

图8-1　钢筋拉伸试验试件

(2)试件原始尺寸的测定及计算。

①量测原始标距长度 L_0,精确到 0.1 mm。

②圆形试件横断面直径应在标距的两端及中间处两个相互垂直的方向上各量测一次,取其算术平均值,按式(8-2)计算横截面面积,并选用三处测得的横截面面积中最小值作为计算结果。

$$A_0 = \frac{1}{4}\pi a^2 \tag{8-2}$$

式中　A_0——试件的横截面面积,mm^2;

a——圆形试件原始横断面直径,mm。

2. 试验步骤

1)屈服强度与抗拉强度的测定

(1)将试件上段固定在万能试验机上夹具内,调整试验机零点,装好描绘器、纸、笔等,再用下夹具固定试件下端。

(2)开动试验机进行拉伸。拉伸速度为:屈服前,应力增加速度为 10 MPa/s;屈服后,试验机活动夹头在荷载下的移动速度为不大于 $0.5L_c$/min(不经车削试件,其平行长度 $L_c = L_0 + 2h_1$),直至试件拉断。

(3)拉伸中,测力度盘的指针停止转动时的恒定荷载,或不计初始瞬间效应时的最小荷载,即为屈服荷载 P_s。

(4)向试件继续施加荷载直至拉断,由测力度盘读出最大荷载,即为所求的抗拉极限荷载 P_b。

2)伸长率的测定

(1)将已拉断试件的两端在断裂处对齐,尽量使其轴线位于一条直线上。如拉断处由于各种原因形成缝隙,则此缝隙应计入试件拉断后的标距部分长度内。

(2)如拉断处到邻近标距端点的距离大于 $L_0/3$,可用卡尺直接量出已被拉长的标距长度 L_1(mm)。

(3)如拉断处到邻近标距端点的距离小于或等于 $L_0/3$,可按下述移位法计算标距 L_1(mm):在长段上自断点起,取等于短段格数得 B 点,再取等于长段所余格数(偶数,如图 8-2(a)所示)之半得 C 点,或者取所余格数(奇数,如图 8-2(b)所示)减 1 与加 1 之各半得 C 点与 C_1 点,则位移后的标距分别为 $L_1 = AB + 2BC$ 或 $L_1 = AB + BC + BC_1$。

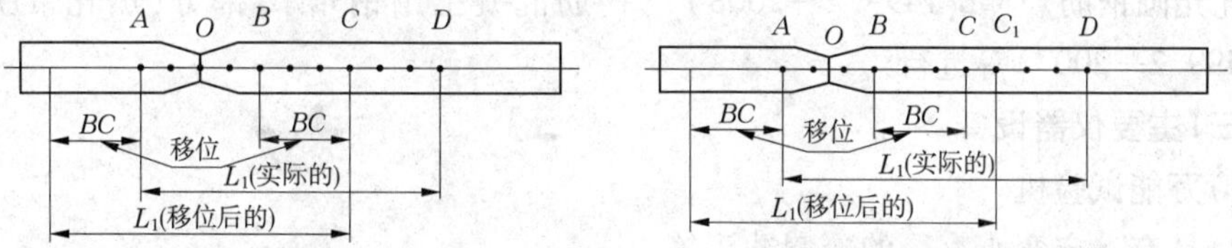

(a)长段所余格数为偶数　　(b)长段所余格数为奇数

图 8-2　用位移法计算标距示意图

(4)如试件在标距端点上或标距处断裂,则试验结果无效,应重新试验。

(五)试验结果确定

(1)屈服强度按式(8-3)计算

$$\sigma_s = \frac{P_s}{A_0} \tag{8-3}$$

式中 σ_s——屈服强度,MPa;

P_s——屈服时荷载,N;

A_0——试件原横截面面积, mm^2。

(2)抗拉强度按式(8-4)计算

$$\sigma_b = \frac{P_b}{A_0} \tag{8-4}$$

式中 σ_b——抗拉强度,MPa;

P_b——抗拉极限荷载,N;

A_0——试件原横截面面积, mm^2。

(3)伸长率按式(8-5)计算

$$\delta_{10}(\delta_5) = \frac{L_1 - L_0}{L_0} \times 100\% \tag{8-5}$$

式中 $\delta_{10}(\delta_5)$——$L_0 = 10a(L_0 = 5a)$时的伸长率,精确至0.1%;

L_0——原始标距长度, mm,一般为 $10a$(或 $5a$);

L_1——试件拉断后直接量出或按移位法确定的标距部分长度,mm,测量精确至 0.1 mm。

(4)当试验结果有一项不合格时,应另取双倍数量的试样重做试验,如仍有不合格项目,则该批钢材判为拉伸性能不合格。

二、钢筋的弯曲(冷弯)试验

(一)试验目的

通过冷弯试验对钢筋塑性进行检验,也可间接测定钢筋内部的缺陷和可焊性。

(二)依据的规范标准

本试验依据《金属材料弯曲试验方法》(GB/T 232—2010)、《钢筋混凝土用钢 第1部分:热轧光圆钢筋》(GB 1499.1—2008)、《钢筋混凝土用钢 第2部分:热轧带肋钢筋》(GB 1499.2—2007)等进行。

(三)主要仪器设备

(1)万能试验机。

(2)具有一定弯心直径的冷弯冲头等。

(四)试验方法步骤

1. 试件制备

(1)试件的弯曲外表面不得有划痕。

(2)试样加工时,应去除剪切或火焰切割等形成的影响区域。

(3)当钢筋直径小于 35 mm 时,不需加工,直接试验;若试验机能量允许,直径不大于 50 mm 的试件亦可用全截面的试件进行试验。否则,当钢筋直径大于 35 mm 时,应加工成直径 25 mm 的试件。

(4)加工时应保留一侧原表面,弯曲试验时,原表面应位于弯曲的外侧。

(5)弯曲试件长度根据试件直径和弯曲试验装置而定,通常按式(8-6)确定

$$L' = 5a + 150 \tag{8-6}$$

式中　L'——弯曲试件的长度, mm;

a——钢筋的直径, mm。

2. 试验步骤

(1)按图 8-3(a)调整万能试验机各种平台上支辊距离 L_1。d 为冷弯冲头的直径,$d = na$,n 为自然数,其值大小根据钢筋级别确定。

(2)将试样放置于两个支辊上,用一定弯心直径的冷弯冲头在试样两个支辊中间平稳地施加压力,使试样弯曲到规定的角度(180°或 90°)后,停止冷弯,如图 8-3(b)、(c)所示。

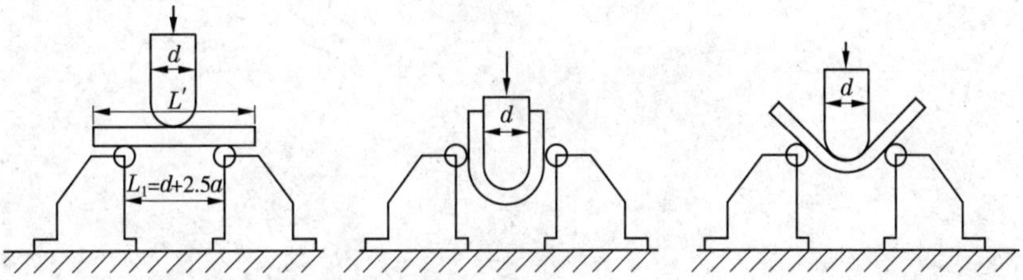

(a)冷弯试件和支座　(b)弯曲180°　(c)弯曲90°

图 8-3　钢筋冷弯试验示意图

(五)试验结果确定

检测两根弯曲钢筋的外表面,若无裂纹、裂断或起层,则评定钢筋的冷弯性能合格,否则不合格。

三、试验记录与结果处理

试验记录与结果处理按表 8-1、表 8-2 进行。

表 8-1　钢筋的拉伸试验试验记录与结果处理

试件编号	钢筋直径 a(mm)	公称横截面面积 A_0(mm^2)	原始标距 L_0(mm)	屈服荷载 P_s(N)	破坏荷载 P_b(N)	屈服强度 σ_s(MPa)	抗拉强度 σ_b(MPa)	断后标距 L_1(mm)	伸长率 δ(%)
1									
2									

表 8-2　钢筋的弯曲(冷弯)试验试验记录与结果处理

试件编号	试件长度 L'(mm)	试件直径 a(mm)	支辊距离 L_1(mm)	弯心直径 d(mm)	弯曲角度	结果
1						
2						

四、试验结果分析及讨论

参 考 文 献

[1] 龚爱民. 建筑材料[M]. 郑州:黄河水利出版社,2011.
[2] 李九苏. 土木工程材料试验指导[M]. 长沙:中南大学出版社,2010.
[3] 中华人民共和国水利部. SL 264—2001 水利水电工程岩石试验规程[S]. 北京:中国水利水电出版社,2001.
[4] 中华人民共和国国家质量监督检验检疫总局,中国国家标准化管理委员会. GB/T 14684—2011 建设用砂[S]. 北京:中国标准出版社,2011.
[5] 中华人民共和国国家质量监督检验检疫总局,中国国家标准化管理委员会. GB/T 14685—2011 建设用卵石、碎石[S]. 北京:中国标准出版社,2011.
[6] 中华人民共和国国家质量监督检验检疫总局,中国国家标准化管理委员会. GB/T 1345—2005 水泥细度检验方法　筛析法[S]. 北京:中国标准出版社,2005.
[7] 中华人民共和国国家质量监督检验检疫总局,中国国家标准化管理委员会. GB/T 1346—2011 水泥标准稠度用水量、凝结时间、安定性检验方法[S]. 北京:中国标准出版社,2011.
[8] 国家质量技术监督局. GB/T 17671—1999 水泥胶砂强度检验方法(ISO 法)[S]. 北京:中国标准出版社,1999.
[9] 中华人民共和国国家质量监督检验检疫总局,中国国家标准化管理委员会. GB 175—2007 通用硅酸盐水泥[S]. 北京:中国标准出版社,2008.
[10] 中华人民共和国住房和城乡建设部. JGJ 55—2011 普通混凝土配合比设计规程[S]. 北京:中国建筑工业出版社,2011.
[11] 中华人民共和国建设部,中华人民共和国国家质量监督检验检疫总局. GB/T 50080—2002 普通混凝土拌合物性能试验方法标准[S]. 北京:中国建筑工业出版社,2003.
[12] 中华人民共和国建设部,中华人民共和国国家质量监督检验检疫总局. GB/T 50081—2002 普通混凝土力学性能试验方法标准[S]. 北京:中国建筑工业出版社,2003.
[13] 中华人民共和国住房和城乡建设部. JGJ/T 70—2009 建筑砂浆基本性能试验方法标准[S]. 北京:中国建筑工业出版社,2009.
[14] 中华人民共和国国家质量监督检验检疫总局. GB/T 2542—2003 砌墙砖试验方法[S]. 北京:中国标准出版社,2003.
[15] 中华人民共和国国家质量监督检验检疫总局. GB 5101—2003 烧结普通砖[S]. 北京:中国标准出版社,2003.
[16] 中华人民共和国国家质量监督检验检疫总局,中国国家标准化管理委员会. GB/T 4509—2010 沥青针入度测定法[S]. 北京:中国标准出版社,2011.
[17] 中华人民共和国国家质量监督检验检疫总局,中国国家标准化管理委员会. GB/T 4508—2010 沥青延度测定法[S]. 北京:中国标准出版社,2011.
[18] 国家质量技术监督局. GB/T 4507—1999 沥青软化点测定法(环球法)[S]. 北京:中国标准出版社,2000.
[19] 中华人民共和国国家发展和改革委员会. DL/T 5362—2006 水工沥青混凝土试验规程[S]. 北京:中国电力出版社,2007.
[20] 中华人民共和国国家质量监督检验检疫总局,中国国家标准化管理委员会. GB/T 494—2010 建筑

石油沥青[S].北京:中国标准出版社,2011.
[21] 中华人民共和国国家质量监督检验检疫总局,中国国家标准化管理委员会. GB/T 228.1—2010 金属材料拉伸试验 第1部分:室温试验部分[S].北京:中国标准出版社,2011.
[22] 中华人民共和国国家质量监督检验检疫总局,中国国家标准化管理委员会. GB 1499.1—2008 钢筋混凝土用钢 第1部分:热轧光圆钢筋[S].北京:中国标准出版社,2008.
[23] 中华人民共和国国家质量监督检验检疫总局,中国国家标准化管理委员会. GB 1499.2—2007 钢筋混凝土用钢 第2部分:热轧带肋钢筋[S].北京:中国标准出版社,2007.
[24] 中华人民共和国国家质量监督检验检疫总局,中国国家标准化管理委员会. GB/T 232—2010 金属材料弯曲试验方法[S].北京:中国标准出版社,2010.